MW01047867

Los escenarios de la responsabilidad social universitaria

Carlos Alcívar Trejo
C. A. Trejo J. Calderón C

Los escenarios de la responsabilidad social universitaria

La Universidad del siglo XXI

Editorial Académica Española

Impressum / Aviso legal

Bibliografische Information der Deutschen Nationalbibliothek: Die Deutsche Nationalbibliothek verzeichnet diese Publikation in der Deutschen Nationalbibliografie; detaillierte bibliografische Daten sind im Internet über http://dnb.d-nb.de abrufbar.

Información bibliográfica de la Deutsche Nationalbibliothek: La Deutsche Nationalbibliothek clasifica esta publicación en la Deutsche Nationalbibliografie; los datos bibliográficos detallados están disponibles en internet en http://dnb.d-nb.de.

Coverbild / Imagen de portada: www.ingimage.com

Verlag / Editorial:
Editorial Académica Española
ist ein Imprint der / es una marca de
OmniScriptum GmbH & Co. KG
Heinrich-Böcking-Str. 6-8, 66121 Saarbrücken, Deutschland / Alemania
Email / Correo Electrónico: info@eae-publishing.com

Herstellung: siehe letzte Seite /
Publicado en: consulte la última página
ISBN: 978-3-659-09206-0

INDICE GENERAL

DEDICATORIA: 1

INTRODUCCIÓN 3

CAPÍTULO I.- RESPONSABILIDAD SOCIAL EMPRESARIAL: 4

CAPÍTULO II.- RESPONSABILIDAD SOCIAL UNIVERSITARIA A NIVEL MUNDIAL. (RSU) 7

DEFINICIÓN DE LA RSU: 7

LA RESPONSABILIDAD SOCIAL UNIVERSITARIA EN AMÉRICA LATINA. 8

CAPÍTULO III. LA UNIVERSIDAD COMO "CUNA DE FORMACIÓN DE PROFESIONALES" 15

ESTADO DE ARTE.- 17

La WBCSD de Suiza. 17

La PWBLF de Inglaterra: 18

La BSR de EE.UU. 18

CAPÍTULO IV.- RESPONSABILIDAD SOCIAL UNIVERSITARIA (RSU). 21

IMPACTOS ORGANIZACIONES. 22

IMPACTOS EDUCATIVOS. 22

IMPACTOS COGNITIVOS 22

IMPACTOS SOCIALES 23

CAPÍTULO V.- LA RESPONSABILIDAD SOCIAL EN EL ECUADOR. 24

CERES 25

CERES-ETHOS. 25

RED PERIODISTAS Y RSE 25

CIMA 26

REPSOL 26

RESULTADOS. 27

Impacto Ambiental 28

CAPÍTULO VI.- METODOLOGÍA Y FUNDAMENTOS TEÓRICOS 31

FUNDAMENTACIÓN FILOSÓFICA 31

Universitarios Y Luego, Ciudadanos Socialmente Responsables. 35

FUNDAMENTOS SOCIOLÓGICOS 37

Conflicto: 39

Mediación: 39

Emponderación. 41

FUNDAMENTACIÓN PSICOLÓGICA 41

CAPÍTULO VII.- LOS NUEVOS RETOS DE LA UNIVERSIDAD, DEL SIGLO XXI. 43

FUNDAMENTACIÓN PEDAGÓGICA 43

Mediación pedagógica. 47

Emponderación. 48

Los ejes de la responsabilidad social universitaria 48

FORMACIÓN PROFESIONAL Y CIUDADANA 48

PARTICIPACIÓN SOCIAL 49

CAPÍTULO VIII.- FUNDAMENTACIÓN LEGAL: 50

   La Constitución. (Ecuador) 50
   Ley Orgánica de Educación Intercultural. (Ecuador).................................... 53
   Ley Orgánica de Educación Superior. LOES. (Ecuador) 53
   Desarrollo de la responsabilidad Socio-Profesional y el Buen Vivir. 56
   Conclusiones... 57
   Recomendaciones.. 58

BIBLIOGRAFÍA Y PRODUCCIONES CIENTÍFICAS CITADAS 60

   Bibliografía: 62

GLOSARIO DE TÉRMINOS 64

DEDICATORIA:

> A DIOS por todas sus bendiciones.
> A IRMA TREJO MAZÓN (+). Madre de Carlos Alcívar Trejo. Por sus enseñanzas, bendiciones y su aguante en vida.
> A LUIS TARQUINO CALDERÓN INCA (+) Y OLGA CISNEROS CORDERO. Padre y Madre de Juan Calderón, por sus enseñanzas y sabidurías impartidas.
> A Luis Calderón Cisneros, Hermano de Juan Calderón Cisneros, por su lucha constante y superación diaria.
> A dos Grandes hermanos como Arq. Julio Cortés Maya y él Lcdo. Ernesto Roca Pacheco. M.E.A. quienes con su apoyo y enseñanzas hemos realizado este proyecto.
> A la Universidad ECOTEC. Guayaquil Ecuador, por todo el apoyo, respaldo y oportunidades del crecimiento profesional para lograr tan anhelado proyecto hecho realidad.
> A la Universidad de Guayaquil, por brindar su contigente
> A todos los que de alguna manera aportaron, creyeron en realizar posible este proyecto.

GRACIAS TOTALES.

AB. Carlos Alcívar Trejo. M.D.C.

Ing. Juan Tarquino Calderón Cisneros. M.S.C.

Los Escenarios De La Responsabilidad Social Universitaria (Rsu-Siglo XXI) En Del Desarrollo De Estrategias Y Competencias Metodológicas En Los Currículos Académicos

Abg. Carlos Alcívar Trejo. M.D.C. [1], Ing. Juan T. Calderón Cisneros. Msc.[2],
[1]Catedrático a tiempo completo de la Universidad Tecnológica ECOTEC, Guayaquil, Ecuador, [1]Catedrático medio tiempo en la Universidad de Guayaquil (FACSO- TURISMO), [2] Catedrático a tiempo completo de la Universidad Tecnológica ECOTEC, Catedrático medio tiempo de la Universidad de Guayaquil (FACSO) Guayaquil, Ecuador, [1]calcivar@ecotec.edu.ec,[2] jcalderon@ecotec.edu.ec,

INTRODUCCIÓN

Resumen:

El título del Proyecto es: **Investigar los niveles de Responsabilidad Social en la Universidad,** es una Investigación Científica innovadora, identificada con los códigos de la UNESCO   y cuyo sector de impacto es el Desarrollo Humano y Social. Tiene cobertura nacional, con localización en la ciudad de Guayaquil, Provincia del Guayas, República del Ecuador.

La Responsabilidad Social es la nueva cultura institucional responsable, especialmente en la Universidad, institución que responde a doble finalidad: Como organización misma y como formadora de futuros profesionales empresariales.

"No hay causa que merezca más alta prioridad que la protección y el desarrollo del niño, de quien dependen la supervivencia, la estabilidad y el progreso de todas las naciones y, de hecho, de la civilización humana".

(Plan de Acción de la Cumbre Mundial a favor de la Infancia, 30 de septiembre de 1990.)

Palabras Claves: Estrategia, metodológicas, Ética, Valores, Responsabilidad Social. Responsabilidad Social Universitaria.

CAPÍTULO I.- RESPONSABILIDAD SOCIAL EMPRESARIAL:

Ramiro Alvear (2009) " La RSE es cada vez un concepto más cercano a las empresas ecuatorianas, se establece que entre el 5 y el 8% de compañías que laboran en el país han empezado a adoptar proyectos de RSE, a pesar de ser muy corto el tiempo de transformación del término filantropía a una herramienta que otorga competitividad..."

Algunos autores revelan el misterio de la Responsabilidad Social Empresarial y atribuyen su éxito a las estrategias empleadas por los Jefes, gerentes o directivos implementando la ética profesional con responsabilidad y eficiencia en las tareas asignadas a sus trabajadores.

R. Ottman (1997) en su libro Green Marketing describe el crecimiento de la demanda del consumidor por los productos y servicios sustentables y anuncia el desarrollo del Marketing Ecológico que exige el compromiso de los empresarios, directivos y consumidores por evolucionar las Políticas de Ecológica la producción, el consumo y las comunicaciones.

El investigador John Elkington (2000)8 en su libro Cannibalswith Forks formuló la estrategia Triple P. para dar importancia a las actividades corporativas.

Internetgeneratie SMO (2000)9 realizó un estudio sobre jóvenes nacidos después de los años 80, ellos reconocen fácilmente las tentativas de convencerlos de parte de las empresas, pero tienen ellos desconfianzas sana por la publicidad y la influencia comercialmente motivada, este escepticismo juvenil genera una actitud críticas hacia las marcas y empresas importantes que tienen programas de RSE.

La Responsabilidad Social de una organización no es la expresión de su solidaridad filantrópica, es la filosofía de gestión que practica a diario en todos sus ámbitos de competencia, desde su administración central, para garantizar que no entre en contradicción con sus deberes para con la sociedad[1]

La filosofía gerencial de la Responsabilidad Social invita la organización a hacerse consciente de todas las consecuencias y efectos que sus estrategias y actuaciones provocan en los ámbitos humanos, sociales y ambientales. Promoviendo el "desarrollo sostenible", las organizaciones deben de tomar conciencia de sus propios impactos sobre su entorno (interno y externo) y resolver los problemas diagnosticados, de tal modo que el funcionamiento normal de la organización no genere más dichos impactos, o pueda mitigarlos lo suficiente para llevarlos a niveles legal y socialmente aceptables[2]

Felipe Agüero (2002)10 en el informe para la Fundación Ford destaca tres factores fundamentales de la RSE en la región y son:

a.- Movilización social o presiones desde abajo por cambios sociales.

b.- Visiones cambiantes entre los líderes empresariales y

c.- Desarrollo en teoría y práctica de la Administración Empresarial.

Jacob Schatan (2004), investigador de la Agenda Ciudadana para la acción en RSE, agrega dos factores más a los anteriores:

a.- Debilitamiento del papel del Estado como agente de desarrollo y como patrocinador de la equidad y la solidaridad.

b.- Proceso de creciente transnacionalización de la Economía en América Latina.

---

[1] Distinguiendo la Responsabilidad Social de la filantropía, no estamos diciendo que no hay que practicar la filantropía. Es un valor ético de primera importancia y de alta pertinencia formativa que deberíamos promover en todas las entidades educativas. Pero una organización que practica la filantropía no por eso puede autoproclamarse como socialmente responsable.
[2] Es la orientación que están tomando actualmente muchas legislaciones, articulando la Responsabilidad Social de las organizaciones a un marco jurídico más estricto.

5

Como conclusión podemos recordar las palabras del Gerente de Gestión Humana y asesor colombiano, Ramiro Restrepo en el año 2009 en su libro "Nueva Teoría, Nuevas Prácticas. Quien sostiene que.

"Debemos asumir la Responsabilidad Social como la revolución mental, Cultural, y quizás espiritual-silenciosa no violenta- que nos permita construir la sociedad donde la utopía del bienestar se reconcilie con la ética De la supervivencia ¨

Capítulo II.- Responsabilidad Social Universitaria a nivel mundial. (RSU)

Definición de la RSU:

La Responsabilidad Social Universitaria es una política de gestión de la calidad ética de la Universidad que busca alinear sus cuatro procesos (gestión, docencia, investigación, extensión) con la misión universitaria, sus valores y compromiso social, mediante el logro de la congruencia institucional, la transparencia y la participación dialógica de toda la comunidad universitaria (autoridades, estudiantes, docentes, administrativos) con los múltiples actores sociales interesados en el buen desempeño universitario y necesitados de él, para la transformación efectiva de la sociedad hacia la solución de sus problemas de exclusión, inequidad, y sostenibilidad.

La congruencia institucional se logra a través de la alineación de los 4 procesos universitarios con la misión, así como la vigilancia permanente de que los efectos directos y colaterales de la actividad universitaria no entren en contradicción con los fines pregonados, sino que vayan más bien realizando y reforzándolos. Para ello, se necesita involucrar a los actores de la comunidad universitaria en un autodiagnóstico continuo del quehacer institucional, con herramientas apropiadas para garantizar la transparencia, la participación, y la mejora continua de la Universidad hacia su responsabilización social, enmarcada en la búsqueda global de un desarrollo más humano y más sostenible.[3]

La Responsabilidad Social Desde la visión "Ética Capital Social y Desarrollo", concepto que promueve la Iniciativa Ética Capital Social y Desarrollo y la RED de Universidades de América Latina y el Caribe del

---

[3] Responsabilidad Social Universitaria Propuesta para una definición madura y eficiente François Vallaeys. Programa para la Formación en Humanidades. Tecnológico de Monterrey.

Banco Interamericano de Desarrollo, permite la posibilidad de que unidos personas, organizaciones y ciudadanos podamos enfrentar con éxito los complejos problemas y retos del desarrollo así como superar los desafíos éticos del actual mundo globalizado. El concepto de Responsabilidad Social está inspirado en obras de grandes pensadores como Adam Smith, AmartyaSen, Joseph Stiglitz, Edgar Morín, Bernardo Kliksberg de entre otros.

La Universidad Internacional consciente de los retos y desafíos del actual mundo globalizado asume como uno más de los compromisos de su misión educativa y formativa, la promoción del desarrollo de capacidades y habilidades de las personas y la ampliación de oportunidades en el entorno, tanto al interior de la organización como en su entorno social, para lograr un Desarrollo Humano Sostenible en la comunidad y así apoyar a los logros de los Objetivos del Millenium, las metas de la Organización de las Naciones Unidas para el desarrollo UNDP y de la Iniciativa "Ética Capital Social y Desarrollo" del Banco Interamericano de Desarrollo.

- **La Responsabilidad Social Universitaria En América Latina.**

Se puede identificar el primer hito, en el desarrollo de la educación superior latinoamericana, constituido por las ideas de la Reforma de Córdoba de 1918[4], en la cual se abordaron la participación estudiantil, la autonomía universitaria y la libertad de cátedra, y a las funciones tradicionales de la universidad[5], se sumó la investigación como función

---

[4] Esta reforma es producto del movimiento estudiantil en la Universidad de Córdoba, provincia de Córdoba en Argentina, [On Line] Disponible en
http://bibliotecavirtual.clacso.org.ar/ar/grupos/Manifiestoreformaestudiantilcordoba1918
(último acceso: 23 de marzo de 2008).
[5] Las funciones tradicionales de la universidad tienen el objetivo principal de formar sus cuadros dirigentes, y establecer puentes de conocimiento entre las colonias, y más tarde entre los países de la región, y la cultura filosófica, científica y técnica que existía y se desarrollaba en Europa. SCHWARTZMAN, Simón. Las Universidades Latinoamericanas en Contexto. [On Line] 7 de julio de 1996, Disponible en: http://www. schwartzman.org.br/simon/marlo.htm (último acceso: 19 de mayo de 2009)

inherente a ella, la extensión universitaria y el compromiso con la sociedad.

En este sentido, Tünnermann[6] en el balance que hace de la reforma, noventa años después, señala que "el Grito de Córdoba representa la contribución más original de América Latina al diseño de un esquema universitario propio"[7], e indica, como a pesar de que se puede hablar de que los procesos de reforma universitaria llegan hasta nuestros días, la influencia de este movimiento sólo se empieza a replicar en las universidades de los demás países latinoamericanos después de la segunda mitad del siglo XX.

En su libro analiza como la acción universitaria se centró en su organización jurídica y formal y la estructura académica continuó obedeciendo al "patrón napoleónico de facultades profesionales separadas"[8]. A lo largo del siglo XX, se advierte en las universidades latinoamericanas como la autonomía y la libertad de cátedra se ven afectadas por las dictaduras y los gobiernos democráticos para mantener su estatus; el cogobierno y la democratización degeneraron en La reflexión sobre el compromiso social, se consolida y empieza a formar parte de las diferentes agendas institucionales, el cual, lentamente se va incorporando en las misiones de la universidad y en sus principios rectores. Surgen oficinas encargadas de la investigación, de la extensión y de la proyección social, que hoy se ve reflejada en las prácticas y servicios comunitarios incluidos en los currículos como parte importante de la formación de los profesionales.politización y frente al compromiso social, observa:

En cuanto a la misión social de la Universidad y su participación en el estudio y solución de los problemas nacionales, se trata de postulados

---

[6] TÜNNERMANN BERNHEIM, Carlos. Noventa años de la Reforma Universitaria de Córdoba: 1918-2008. Buenos Aires: Consejo Latinoamericano de Ciencias Sociales – CLACSO. 2008. 113 p.
[7] 10   Ibíd. p. 5.
[8] 11   Ibíd. p. 98.

que constituyen en la actualidad un lugar común en la definición de objetivos de las

Universidades que consagran las leyes y estatutos universitarios de la región, sin que ello signifique que nuestras Casas de Estudios los hayan realizado plenamente ni atendido con el mismo entusiasmo con que los proclaman. En realidad, dada la generalidad de las declaraciones, mucha demagogia se ha hecho en su nombre y relativamente poca laborseria, científica y universitaria.

Se advierten también muy distintas maneras de concebir la misión social de la Universidad.[9]

La Responsabilidad Social Empresarial (RSE) es un método de gestión que intenta generar una Triple Línea de Resultados: económicos, sociales y ambientales, para la empresa y para la sociedad. La RSE surgió como respuesta a la creciente concienciación del consumidor y del público en general en relación a los desafíos ambientales y sociales que enfrentamos hoy en día.

La Responsabilidad Social Universitaria (RSU) es una rama nueva de la

Responsabilidad Social Empresarial que está comenzando a ser aplicada en distintas universidades de Latinoamérica. La RSU incluye a los tres componentes principales de la RSE: social, económico y ambiental, que promueven el desarrollo sostenible y pueden llegar a lograr un gran impacto positivo en la sociedad.

Las universidades decidieron adoptar programas de responsabilidad social teniendo en cuenta que estas instituciones son las que educan a los futuros profesionales y ciudadanos que liderarán al mundo.

---

[9] Ibíd. p. 106.

(RSU) Es el espacio que vincula el conocimiento generado en el contexto de su aplicación (científico, tecnológico, humanístico y artístico) a las necesidades locales, nacionales y globales. Su objetivo es primordialmente promover la utilidad social del conocimiento, contribuyendo a la mejora de la calidad de vida; por ende, demanda perspectivas bidireccionales entre la universidad y la sociedad e implica la multiplicación directa de usos críticos que tiene el conocimiento en la sociedad y la economía.

Para la Universidad es claro que el futuro de la región y la nación no se concibe al margen del avance de la ciencia y la tecnología, es importante también alcanzar un desarrollo económico y social incluyente centrado en el ser humano, profundizando en los procesos de formación integral, para formar no sólo profesionales competentes, sino ciudadanos críticos y comprometidos con la transformación social del país.[10]

No todas las universidades latinoamericanas han transformado totalmente su perfil hacia lo que Gibbons (1997) denomina el «modo 2» de generar conocimiento útil socialmente; sin embargo, en prácticamente todas estas instituciones, lo que se puede observar son nichos, aún aislados, que constituyen importantes gérmenes de cambio en la dirección apuntalada por el perfil que hoy día tiene la RSU. En este marco, es indudable la importancia de realizar balances acerca de los nuevos contenidos que propician la relación de la universidad con la sociedad basados en la generación de conocimiento en contextos específicos de aplicación, cuya finalidad es contribuir al logro de los más altos niveles de bienestar social y de desarrollo humano sostenible para nuestras sociedades.

A continuación se presentan algunos ejemplos que ilustran el cambio que caracteriza la RSU en universidades latinoamericanas, con el objetivo de aportar elementos que permitan proponer una agenda en materia de compromiso social para la región.

---

[10] UNIVERSIDAD DE ANTIOQUIA. Plan de Desarrollo 2006-2016. Una universidad investigadora, innovadora y humanista al servicio de las regiones y del país. Medellín: Imprenta Universidad de Antioquia, 2006. 121 p.

La Universidad Nacional Autónoma de Honduras ha emprendido un proceso de gradual articulación entre la universidad y la problemática de la sociedad mediante programas que se encaminan a brindar atención a niños huérfanos y en extrema pobreza, personas de bajos recursos económicos, adolescentes y mujeres en condiciones de vulnerabilidad.

Este mismo esquema de vinculación a los sectores marginados de la sociedad lo han seguido diversas universidades en México, como la Benemérita Universidad Autónoma de Puebla, la Universidad Autónoma de Sinaloa, la Universidad de Guadalajara y la Universidad Nacional Autónoma de México, que cuentan con programas de enlace directo con las comunidades marginadas para desarrollar actividades de investigación, formación profesional y divulgación científica que permiten alcanzar los siguientes objetivos:

1. Extender a la sociedad el quehacer institucional de la universidad y los resultados del trabajo académico.

2. Establecer programas de prestación de servicios y de oferta de los resultados del trabajo académico que coadyuven a la atención de los requerimientos sociales.

3. Desempeñar un papel esencial en el rescate de los saberes populares y en la defensa de la identidad nacional en el contexto globalizador.

4. Contribuir a la formación de una ciudadanía comprensiva con las identidades locales, nacionales y globales.

5. Conformarse como una vía para potenciar el desarrollo sostenible.

6. Producir las transformaciones necesarias para el logro de una mejor calidad de vida.

7. Identificar los problemas y demandas de la sociedad.

8. Investigar para mejorar la calidad de la vida humana y de la sociedad.

La reducción de brechas de los países en desarrollo tendrá que basarse en el trabajo crítico y sistemático de las universidades. En este aspecto, la innovación juega un papel de central importancia tanto en los esquemas convencionales de formación profesional, como en los casos donde la extensión universitaria se vincula a estructuras curriculares formales; por ejemplo, la Universidad de Costa Rica abre los espacios académicos a personas mayores de 50 años que desean satisfacer inquietudes intelectuales, ocupar su tiempo libre, intercambiar experiencias y conocimientos con los estudiantes regulares y docentes a través del Programa integral para la persona adulta mayor «Dr. Alfonso Trejos Willis» (PIAM). La RSU se expresa también en el diseño y desarrollo de innovaciones educativas que se planean y realizan en el marco de situaciones emergentes. La característica central de estos programas es que, en su solicitud, diseño, ejecución y evaluación, participan los sectores beneficiarios de los servicios, las comunidades, los gobiernos locales y las ONG; a manera de ejemplo se pueden enlistar las siguientes:

1. Los consultorios jurídicos de la Universidad de Costa Rica brindan asesoramiento legal y notarial en diferentes sitios del país, en forma gratuita, para aquellas personas de recursos limitados que requieren los servicios de un abogado. Son atendidos por estudiantes avanzados de Derecho que tienen un alto promedio y cuentan con la asesoría de un director del consultorio y un asistente legal.

2. El Trabajo Comunal Universitario

(TCU) de la Universidad de Costa Rica, integrado por programas interdisciplinarios que deben surgir del perfil académico de las facultades, escuelas o sedes universitarias, tiene como característica primordial la articulación entre la docencia, la investigación y el servicio a la sociedad.

Otro de sus componentes fundamentales es que, en su diseño, planeación y ejecución, interviene la población beneficiaria; de este modo, el TCU incorpora a docentes y estudiantes, quienes, conjuntamente con miembros de la comunidad costarricense, interactúan para buscar soluciones a sus problemas.

3. La demanda de mayor justicia y seguridad por parte de la sociedad ha propiciado el desarrollo de programas de intervención que tienen el propósito de participar en la formación ciudadana de las personas que han cometido algún delito. En este caso, destacan los trabajos multidisciplinarios de la Universidad de Buenos Aires, que imparte enseñanza en COLABORACIÓN ESPECIAL.

Capítulo III. La Universidad como "Cuna de Formación de Profesionales"

En las diferentes áreas del saber, el centro estratégico de la Investigación Científica, se convierte en depositaria de los últimos adelantos científicos y tecnológicos, sus profesionales deben contribuir en la formulación de propuestas y soluciones a las urgentes necesidades de la sociedad, se requiere formarlos en **pensamiento crítico, reflexión positiva, creatividad emprendedora** y sobre todo con **conciencia socialmente responsable**.

La Universidad no sólo es generadora de servicios educativos y formadora de futuros profesionales, sino como institución académica debe identificar y definir lo que es pertinente para las personas y la sociedad. La pertinencia es interna y externa, interesan las condiciones funcionales, estructurales, calidad de vida y calidad de organización laboral, así como la proyección del quehacer universitario hacia la colectividad, en dimensiones locales, regionales, nacionales y mundiales, la Universidad es el mejor instrumento intelectual de cambio y progreso social.

La Universidad también experimenta cambios estructurales profundos, el mismo pensamiento académico se vuelve complejo, especialmente en el escenario de las Ciencias Sociales, donde se localiza la Administración, a la par del extraordinario desarrollo científico-tecnológico, se gesta el " reto de la incertidumbre " dificultad que se vuelve un reto, un desafío, que puede resolverse con la suficiente responsabilidad social de producir conocimientos, recuperar los saberes ancestrales y ponerlos al servicio de todos, en beneficio de la Humanidad.

La Responsabilidad Social Universitaria busca resituar a la Universidad en la sociedad, alineando sus cuatro procesos (gestión, docencia, investigación, extensión) con la misión universitaria, sus valores y compromiso social. Esta responsabilización se realiza mediante una autorreflexión institucional transparente con participación dialógica de toda la comunidad universitaria y los múltiples actores sociales interesados en el buen desempeño universitario o afectados por él, y persigue la transformación efectiva del ejercicio del saber en la sociedad hacia la solución de los problemas de exclusión, inequidad, e insostenibilidad[11]

La rentabilidad que genera la Responsabilidad Social es muy significativa para la Universidad, las organizaciones y la misma Sociedad. La inversión en acciones de Responsabilidad Social se traduce en utilidades tanto para el sector público como el privado, siempre se produce el retorno de beneficios, la rentabilidad será mayor, cuando la sociedad civil tome conciencia de su " poder de compras " la colectividad y la comunidad universitaria pueden decidir qué productos y servicios comprar, que marcas prefieren usar, apoyar a las organizaciones que aplican políticas de Responsabilidad Social, ya en los países del llamado "primer mundo", hay registros en favor de las empresas que están comprometidas con la vida, la sociedad, la naturaleza y la misma publicidad es rechazada cuando no está orientada a preservar el entorno natural y humano.

Principio de Responsabilidad que expresa: "Obra de tal modo que los efectos de tu acción sean compatibles con la permanencia de una vida humana auténtica en la tierra...".

Sobre Responsabilidad Social existe un conocimiento relativo, así se conoce muy poco en los sectores del planeta donde existen bajos niveles educativos, en cambio se está convirtiendo en una caracterización en las sociedades de mayor desarrollo social y una práctica humana en las principales Universidades y Empresas del mundo.

La Responsabilidad Social se inició como ayuda comunitaria con finalidades filantrópicas, para ir evolucionando hasta convertirse en la " nueva estrategia de la cultura humana " Adquirió relevancia en la última década del siglo XX, en los años 80 impulsada por varias tendencias

---

[11] Ibíd. p. 22

económicas y sociales con repercusiones en la política mundial, hoy se la entiende como un instrumento, estrategia, filosofía, doctrina de vida, para hacer negocios en los sectores empresariales públicos o privados, integrando valores éticos-morales en las personas, comunidades y entornos.

No existe una definición única, ni una definición totalmente aceptada de Responsabilidad Social, sin embargo existen las siguientes propuestas:

Estado de Arte.-

El término responsabilidad viene del latín " responsum " que traduce, forma de ser considerado, empleado como sinónimo de causa, virtud de ser, deber por cumplir, asumir las consecuencias de nuestros actos, etc. *El filósofo racionalista Emanuel Kant definió como:*

"Virtud individual de concebir libre y conscientemente las máximas universalizadles de nuestra conducta, éste imperativo categórico determinó el surgimiento del:

Hacer negocios en los sectores empresariales públicos o privados, integrando valores éticos-morales en las personas, comunidades y entornos.

No existe una definición única, ni una definición totalmente aceptada de Responsabilidad Social, sin embargo existen las siguientes propuestas:

1.- La WBCSD de Suiza.

"Es el compromiso que asume una empresa para contribuir al desarrollo económico sostenible por medio de la colaboración de sus empleados, familias, comunidad local y la sociedad en pleno con el objetivo de mejorar la calidad de vida ".

2.- La PWBLF de Inglaterra:

"Es el conjunto de prácticas empresariales abiertas y transparentes basada en valores éticos y en el respeto hacia los empleados, la comunidad y el ambiente "

3.- La BSR de EE.UU.

"La administración de un negocio de manera que cumpla o sobrepase las expectativas éticas, legales, comerciales y públicas que tiene la sociedad frente a una empresa "

En Europa hay importantes experiencias en RSE:

Holanda: Se creó la Iniciativa Nacional Holandesa para el Desarrollo (NIDO) se destacan proyectos innovadores en estrategias de comunicación y de marketing referentes a aspectos sociales, económicos y ecológicos, con desarrollo sustentable.

1997: Investigación realizada por R. Ottman **(1)** permitió la publicación del libro: Green Marketing donde se predice el desarrollo del Marketing Ecológico.

La Estrategia Triple P (MTP) Describe un proceso que implica una preparación larga y detallada de las relaciones internas y externas de la empresa como concepto integral que afecta a todas las áreas, implica un cambio sistemático, es una gran actividad sin final.

1999: Investigación en los Países Bajos por la empresa MORI, sobre las preferencias de los consumidores con importantes y valiosas sugerencias.

2000: La firma MORI **(2)** Realizó una importante investigación sobre las actitudes del consumidor con preferencia de las empresas con RSE, en 12 países de la Unión Europea, la llamada "Generación del Internet "que comprende el inmenso universo de jóvenes nacidos después de los años

80, según el estudio se reflejan importantes decisiones de los jóvenes y su poder de compras.

América Latina, a fines de los años 90 se creó organizaciones con el propósito de difundir y fomentar la Responsabilidad Social Empresarial sus principales manifestaciones son:

1988: Creación del Centro Mexicano para la Filantropía (CEMEFI).

1992: Business for Social Responsibility de EE.UU. (BSR).

1994: Perú 2021.

1998: Instituto Ethos de Brasil.

1999: Acción Empresarial de Chile.

2000: Fundemas en El Salvador.

Fórum Empresa: Se formó con la BSR de los EE.UU y diversas organizaciones latinoamericanas para contribuir y fortalecer organizaciones empresariales nacionales y regionales que fomenten y fortalezcan la Responsabilidad Social Empresarial.

Red Puentes: Una de las más importantes, organizada para desarrollar seminarios, talleres, encuentros y diversos eventos de Responsabilidad Social

2004 Septiembre México: Desarrolló la Segunda Conferencia Interamericana de RSE, se evidenció que hay mucha inversión en las empresas con el objetivo de involucrarse en el tema e implementar diversas actividades de trascendencia social, por iniciativa del BID, se realizó una nueva jornada de realizaciones sociales corporativas.

Chile: El V Congreso Internacional de acción de RSE logra avances significativos en estrategias de prácticas sociales.

Brasil: Hay algunas experiencias como el Balance Social de IBASE donde se registran cambios significativos en las empresas con RSE.

La responsabilidad social-profesional, representa una tarea imperiosa de la educación actual por los cambios globales generando una nueva cultura. Por tanto es deber de las Universidades no sólo generadora de servicios educativos. Lograr insertar Futuros profesionales con responsabilidad social y empoderamiento social.

Capítulo IV.- Responsabilidad Social Universitaria (RSU).

La Universidad centro de formación de profesionales en las diferentes áreas del saber, de origen, patrocinio y desarrollo de la Investigación Científica, depositaria de los últimos adelantos de la Ciencia y la Tecnología, rectora y patrocinadora de las soluciones a las urgentes necesidades de la sociedad, tiene un rol fundamental en la construcción del Desarrollo y Progreso de la Humanidad

Por las múltiples razones científicas, tecnológicas, culturales, educativas, informativa y formativa del talento humano, tiene la necesidad de formular su acción social en su entorno interno y externo porque históricamente la responsabilidad social es tarea compleja y ardua, la misma historia de la Humanidad está ligada a la responsabilidad individual y colectiva en su propio devenir, se define a una organización como socialmente responsable.

"Cuando instituye un conjunto de prácticas obligatorias y voluntarias orientadas a promover la satisfacción de las necesidades sociales de sus integrantes y las de los miembros de su comunidad" (Schvarstein, 2003). (3)

Las Universidades son actores sociales claves y no se escapan de ejercer la responsabilidad social, la educación superior ha formado parte de las agendas de trabajo regionales e internacionales de la UNESCO lo que le da un sentido de pertinencia relacionado con el "deber ser" de las organizaciones que se debe traducir en la satisfacción de las necesidades y carencias de la sociedad, así las Universidades deben responder al proceso constante, real y positivo.

Los avances de la Ciencia y la Tecnología han transformado al mismo pensamiento, hasta volverlo complejo con esquemas de dudas, ilusión y error, distinguir el reto de la incertidumbre parece ser la complejidad del mundo actual, con razón se requiere de una conciencia responsable y crítica para resolver el reto:

"La complejidad es entonces un desafío, no una respuesta o solución a todos los problemas del pensamiento" (E. Morín 1999). (4)

- *Impactos organizaciones*

Como cualquier organización, la Universidad impacta en la vida de la comunidad universitaria (PDI, PAS, estudiantes), así como la forma en que organiza su día a día tiene impactos ambientales (transporte, basura, etc.).

La Universidad Responsable se pregunta por su huella social y ambiental.

- *Impactos educativos.*

La Universidad influye en la formación de los jóvenes y profesionales, su escala de valores, su manera de interpretar el mundo y de comportarse en él. Orienta (de modo consciente o no) la definición de la ética profesional de cada disciplina y su rol social. La Universidad responsable se pregunta por el tipo de profesionales, ciudadanos y personas que forma, y sobre la adecuada organización de la enseñanza para garantizar una formación socialmente responsable de sus estudiantes.

Responsabilidad Social Universitaria (RSU)

- *Impactos cognitivos*

La Universidad orienta la producción del conocimiento (ciencia, racionalidad, legitimidad, utilidad, enseñanza, etc.). Puede incentivar la separación de los saberes al delimitar los ámbitos de cada carrera. Articula la relación entre tecnociencia y sociedad, posibilitando el control y la apropiación social del conocimiento. La Universidad responsable se pregunta por el tipo de conocimientos que produce, por su pertinencia social y por sus destinatarios.

- *Impactos sociales*

La Universidad tiene un peso social referente que puede promover el progreso, crear capital social, vincular a los estudiantes con la realidad exterior, hacer accesible el conocimiento a todos, etc. La Universidad responsable se pregunta cómo puede acompañar el desarrollo de la sociedad y ayudar a resolver sus problemas fundamentales"[12]

La Responsabilidad Social en el ámbito de la Educación Superior será problematizada en relación a dos fenómenos urgentes:

- La situación ecológica y social global

- La devaluación de la propia educación superior[13]

Como casa matriz del conocimiento humano innovador la Educación Superior ha acompañado el desarrollo de la tecnología, la ciencia y la producción sofisticada de objetos de consumo. Sin embargo, el término "acompañar" en el contexto actual no resulta ingenuo, es más bien una alarma[14]

---

[12] (Vallaeys-de la Cruz-Sasia, 2009: página 9)
[13] Para un desarrollo breve y contextualización de este concepto ver Robinson, K (2006) "Ken Robinson says schools kill creativity" en TED, Monterey (California). Documento electrónico Disponible en la Web:
http://www.ted.com/talks/lang/en/ken_robinson_says_schools_kill_creativity.html consultada el 5 de Junio de 2011.
[14] Como refiere irónicamente el autor Jean Pierre Garnier en estas épocas en que no es necesario "marxisisarlo todo" no habrá necesidad de hacer referencias directas a pensadores que desnudaban el hecho de que aquellos que producían los bienes y servicios eran los mismos que estaban en peores condiciones para obtenerlos.

Capítulo V.- La Responsabilidad Social en el Ecuador.

Tiene diferentes manifestaciones de orígenes con diversos eventos que desarrollan directa o indirectamente la temática de estudio, es a partir del año 2006 cuando el país entra en una dinámica de desarrollo, empieza por afianzarse como una práctica beneficiosa para todos los sectores de la cadena productiva organizacional.

La Humanidad experimenta un proceso de cambio dinámico y complejo, por los enormes avances de la Ciencia y la Tecnología, este cambio, exige un replanteo de actualización, surgen las reformas y revoluciones en lo ideológico, económico, cultural, político, religioso, social, educativo, ético, moral, en el vivir cotidiano y en lo mundial, el sabio griego Heráclito de Éfeso lo anunciaba: " Todo fluye, todo cambia ..." lo confirma el científico Lavoisier: " En la naturaleza nada se origina ni se termina, todo se transforma..."

Esto lo encontramos sustentado en nuestra legislatura (Ecuador) tanto en la Constitución en sus artículos: 26 y 27, así como en la LOES. Arts.: 8. Fines de la Educación Superior., literal D. Art. 9: Educación superior y el buen vivir. Y Art. 124. Formación en valores y derechos.

La Responsabilidad Social es una nueva caracterización de la Cultura Humana, toma mayor relevancia en las organizaciones y en las Universidades, las primeras como productoras de bienes y servicios y las segundas como formadora de profesionales, de ciudadanos con conciencia socialmente responsables, consigo mismo, con el otro, con su entorno y con su Patria grande: El planeta Tierra.

Históricamente la Responsabilidad Social es tarea compleja y ardua, la Humanidad está ligada a la responsabilidad individual y colectiva, en tal razón, las Universidades deben funcionar como "organismos vivos "por ser autores sociales claves, que no pueden escaparse a la función de ejercer eficazmente su responsabilidad social:

Sus planteamientos científicos y tecnológicos deben estar dirigidos a las principales carencias y necesidades de la sociedad.

Se registran diferentes eventos, citaremos algunos:

2010: Festival del Cóndor de Oro, premiación de las empresas con aplicación de RSE.

Implementación de la ISO 26.000 para las empresas e instituciones con prácticas de Responsabilidad Social.

CERES: Consorcio Ecuatoriano de Responsabilidad Social presenta informe de empresas que operan con actividades sustentables de RSE. Alvear (5)

Cuarto Encuentro de RSE en Quito-Ecuador con ponencias e informes de diversas organizaciones públicas y privadas.

Proponen Observatorio de RSE, blog con noticias de Ecuador Prensa Libre sobre diversos eventos desarrollados.

CERES-ETHOS: Elaboración y lanzamiento de una Guía de RSE como modelo de desarrollo del Ecuador.

Reconocimiento a empresas ecuatorianas por labor en RSE en la región: Diner, Interdin y Pronaca por IPRA-Perú 2010.

Foro sobre RSE para medios informativos del país auspiciado por CERES realizado en Guayaquil.

Primer Congreso Virtual de RSE, desarrollo de la plataforma virtual de empresas de Perú y Ecuador.

RED PERIODISTAS Y RSE: Formación y desarrollo de equipo Red de periodistas y RSE, red local y nacional.

Acreditación y entrega de diplomas a consultores ecuatorianos de RSE, aprovechando las experiencias realizadas en Brasil, Chile y Perú.

2011: Convocatorias de capacitación en RSE por medio de Diplomados y Maestrías por diferentes Universidades nacionales y extranjeras, diagramación de programas sociales y comunitarios.

Estructuración de la RSE en el Ecuador, investigación de la Universidad Técnica Particular de Loja (UTPL)

CIMA: Cumbre Internacional del Medio Ambiente destaca la labor en RS y múltiples oportunidades de negocios en el mercado.

De los anteriores registros se percibe que la RSE es cada vez un concepto más cercano a las empresas ecuatorianas, se establece que entre el 5 y el 8% de las compañías que laboran en el país han empezado a adoptar proyectos de RSE, a pesar de ser muy corto el tiempo que se llevó para transformar el término de filantropía a una herramienta que otorga competitividad y desarrollo.

REPSOL: Empresa multinacional ya cuentan con una valiosa experiencia, ha invertido varios millones de dólares en desarrollo y mantenimiento de programas para resolver las necesidades básicas de 33 comunidades del Oriente Ecuatoriano con planes de:

Cuidado ambiental, proyectos de turismo ecológico, educativos, apoyo a la microempresa, con el deseo de luchar contra la pobreza a través de la dinamización de las economías, demostrando que la RSE suma valor agregado.

Renato Moya **(6),** representante del Instituto ETHOS de Brasil, asesora y calcula el éxito de la RSE en el Ecuador, señala que los programas que están bastante extendidos en Europa pueden tener un mayor impacto en la América Latina gracias al desarrollo implementado de la ISO 26.000, lo que determina un valor agregado a los bienes y servicios, porque indica que las empresas que lo producen practican RS.

Moya (2010) expresa "La RSE es una herramienta de competitividad que puede ser empleada por las empresas para lograr más clientes, fidelizar a los que ya tiene y por ende generan más ganancias y a la vez trabajan por la sociedad..."

Moya (2010) expresa "La RSE es una herramienta de competitividad que puede ser empleada por las empresas para lograr más clientes, fidelizar a los que ya tiene y por ende generan más ganancias y a la vez trabajan por la sociedad..." Moya (2010) expresa "La RSE es una herramienta de competitividad que puede ser empleada por las empresas para lograr más clientes, fidelizar a los que ya tiene y por ende generan más ganancias y a la vez trabajan por la sociedad..."

Los investigadores Pringle y Thompson (1999)[7] en su libro Brand Spirit describen como los estándares y los valores del consumidor están cambiando con el marketing con causa social y ambiental, construye "marcas" y los consumidores quieren pertenecer de alguna manera formar parte o identificarse con las compañías que hacen negocios responsables.

RESULTADOS.
Los resultados esperados son:

1.- Contribuir a mejorar la imagen institucional de la Universidad por el fomento y desarrollo de los niveles de conocimientos en Responsabilidad Social, Responsabilidad Social Empresarial y Responsabilidad Social Universitaria.

2.- El conocimiento adquirido favorecerá la práctica de las estrategias de RSU tanto en la comunidad laica interna como en la misma sociedad local, regional, nacional e internacional.

3.- Elaboración de Programas de Capacitación en Responsabilidad Social, Empresarial y Universitaria que serán impartidos en los trabajadores y empleados de las diversas instituciones que firmaron convenios con la Universidad y la ciudadanía general interesada en comportamientos socialmente responsables.

4.- Desarrollo de un Programa Laico de Responsabilidad Social, Empresarial y Universitaria que sustente la asignatura de RSU en las mallas curriculares de las diferentes unidades académicas de la Universidad.

5.- Estructuración y desarrollo de la red laica pionera a nivel nacional:

Red de Universidades con Responsabilidad Social del Ecuador (RURSE).

6.- Publicaciones de artículos científicos referentes a RS, RSE y RSU.

El proyecto se sustenta con la adaptabilidad de experiencias nacionales e internacionales acorde a nuestra realidad universitaria, lo que le da mayor relevancia científica y pragmática con beneficios tangibles e intangibles que deberán sistematizarse para mejorar y aumentar la imagen institucional de la Universidad en el concierto de Universidades del Mundo, del Continente y del país, con un programa de RSU de desarrollo sostenible.

- **Impacto Ambiental**

De ser necesario, describir los impactos ambientales positivos y negativos generados por la ejecución del proyecto y las medidas de mitigación a adoptarse en el caso de que los impactos negativos.

La magnitud del proyecto de Responsabilidad Social Universitaria incluye numerosas perspectivas enfocadas hacia el impacto global de su desarrollo en diferentes áreas.

Una de ellas, es el área educativa, que se relaciona con los estudiantes y su desenvolvimiento en las diferentes unidades académicas, así como la calidad de enseñanza en el nivel profesional de los docentes. La función de esta área es de formación, capacitación y enseñanza de valores aplicados al desarrollo de cada carrera aplicando un marco teórico ético para poder desarrollar el aporte social apropiado.

En cuanto a organización se refiere, con una jerarquía institucional reconocida, tomando acertadas decisiones, colaborando con el desarrollo interactivo de todas las unidades académicas, generando apoyo sustancial y efectivo, incrementando y estableciendo aportes para el desarrollo intelectual e investigativo de los docentes. Es también reconocido su impacto en cuanto a ser empresa que al ser consciente de beneficiarse con la calidad del docente contrata personal calificado para el mejoramiento de dicha causa. Por otro lado, el impacto generado por la institución en la vida de los estudiantes y personal docentes, conflictos encontrados, soluciones a problemas o inconvenientes, hacen parte de la vida cotidiana de los miembros de la comunidad universitaria. Factores contaminantes del medio ambiente también se consideran como parte de este enlace.

El área del conocimiento o cognitiva es también considerada de gran impacto ya que se provee de apoyo a la Investigación Tecnológico-Científica, se realiza el desarrollo de la misma y una vez obtenidos los resultados se procede a transferir dicho conocimiento en las aulas. La Universidad, por lo tanto, se convierte en generadora de comunidad científica, dispuesta a intercambiar información y conocimiento con otras instituciones de su mismo nivel fomentando el desarrollo de otras a su vez. Como unidad Responsable, la Universidad promueve conocimientos útiles, aplicables al contorno social inmediato.

En el área social se puede constatar el vínculo con la comunidad, las diferentes actividades realizadas con Adultos Mayores, obras sociales en diferentes unidades académicas que benefician no solo a la institución sino también a los estudiantes que las realizan promoviendo de esta manera su desarrollo evolutivo como mejores seres humanos con valores conscientes de sus deberes y derechos. La Universidad también es considerada como referente y actor social primordial en el desarrollo del acontecer de la vida diaria de sus miembros, promoviendo el progreso social en diferentes niveles.

En el momento de ejecutar el modelo de Responsabilidad Social Universitaria, será de mucha importancia establecer el impacto ambiental de la educación en cada estudiante y por ende en el profesional, en el mundo en el que desarrolla sus actividades y su interrelación con la sociedad. Es una alternativa de educación y debe ser planificado a conciencia en todos los currículos.

Capítulo VI.- Metodología y Fundamentos Teóricos

Para iniciar mostrando una idea clara sobre las diferentes aportaciones teóricas se tomará como base el análisis de los conceptos claves de esta investigación tales como: Universidad, Facultad,   conflicto, mediación; las mismas   que permitirán el desarrollo y la validación de las variables e hipótesis planteadas, permitiendo ganar una mayor comprensión sobre las distintas dimensiones que concentra la convivencia en los pasajes escolares.

- **Fundamentación filosófica**

El origen de la responsabilidad social se remonta al tiempo de los filósofos griegos, donde se concibe la idea que las personas deban tener una determinada responsabilidad para con la sociedad, es así, como el filósofo Cicerón en su libro "Los Deberes" hace mención de los deberes que el hombre tiene consigo mismo y con la sociedad. En este libro el filósofo Cicerón también hace mención que existe una sola ley, la cual es verdadera y eterna, esta es, la razón. Para Cicerón la razón impulsa al ser humano a cumplir con sus deberes, los cuales le impiden y/o prohíben la realización del mal.

En el siglo XIX los antecedentes de responsabilidad social empresarial aparecen con las ideas del Cooperativismo y el Asociacionismo, ambos movimientos buscaban la integración de la eficacia empresarial con los principios sociales de la democracia, la justicia distributiva y el apoyo a la comunidad, dando como resultado las empresas socialmente responsables.

El filósofo François Vallaeys (2008) pone sobre la mesa el diagnóstico: Somos una especie inmoral que ha puesto en riesgo de desaparecer a las generaciones del futuro; ante esta cruda afirmación, también plantea que la universidad forme profesionales ética y socialmente responsables bajo la reciente norma ISO 26000, y evolucione en su papel público vigilando que el saber se use en beneficio de la sociedad.

En teoría, el desarrollo sostenible es el resultado de la intersección de tres sistemas integrados por la eficacia económica, la exigencia ecológica y la solidaridad social. Pero la universalización de nuestro modo de vida actual dista mucho de esta intersección, lo que ya ha puesto en riesgo a nuestra generación y ha aumentado la posibilidad de que no haya un futuro para las que vienen. "Somos una especie inmoral... y a pesar de que la ética nos dice que lo que no es universal no es bueno; que lo que no es universal, no es justo, nuestro comportamiento pone en riesgo a las generaciones que está por nacer", advierte crudamente François Vallaeys.

Explica Vallaeys- hay una representación gráfica desarrollada por el PNUD (Programa de las Naciones Unidas para el Desarrollo) llamada "La copa de champán", donde formando el recipiente de la copa, se encuentra el 20% de la población del mundo en la que se encuentra concentrado el 87.7% de las riquezas; lo que queda para el resto del mundo, es decir, el 80% de la población, "no alcanza ni las burbujas del champán"; esto entonces no es ni de cerca una convivencia", dice.

Tampoco hay visos de convivencia en la llamada Huella Ecológica Global, de acuerdo al Living Planet Report de la WWF (2010), la biocapacidad mundial ha sido rebasada. "En este índice que calcula en 'cantidad de planetas Tierra', la presión que el humano ejerce sobre su medio, hoy en día la humanidad utiliza los recursos de un planeta y medio. Si todo el mundo fuera francés como yo, utilizaría los recursos de dos planetas y medio; si fuera norteamericano, utilizaría cinco; pero si todo el mundo fueran burkinabé, utilizaría 0.2 partes del planeta, es decir, seríamos sostenibles. Solo que en Burkina Faso la mayoría de las personas no viven como nosotros y nadie quisiera vivir como ellos... más bien ellos quisieran vivir como nosotros", explica.

Como afirmaba Paul Valéry, 'El hombre sabe a menudo lo que hace. Nunca sabe qué hace lo que él hace'; así que –asegura François Vallaeys-(2009) nuestra responsabilidad es cobrar conciencia de lo que hacemos, y de lo que no hacemos. Es a fin de cuentas, tener y actuar con Responsabilidad Social. ¿Pero, cómo hacerlo?

Hay un buen comienzo para actuar, y es que la definición y acciones derivadas de la Responsabilidad Social ya son consensuadas en la norma ISO 26000 que se firmó en apenas en septiembre de 2010 por 90 países y 40 organizaciones internacionales o regionales, y que además no se limita sólo a los negocios, sino que se amplía a cualquier otra organización.

La Responsabilidad Social de acuerdo a esta norma, ahora se define como la responsabilidad de una organización por los impactos de sus decisiones y actividades –esto incluye productos y servicios, esfera de influencia y responsabilidad en la cadena de producción- en la sociedad y en el medio ambiente. Todo esto a través de una conducta ética que debe cumplir con: Contribuir con el desarrollo sostenible, incluyendo la salud y el bienestar de la sociedad; tomar en cuenta las expectativas de las partes interesadas; cumplir con las leyes y ser compatible con las normas internacionales de conducta; y ser integrada en la totalidad de la organización y puesta en práctica en todas sus relaciones.

Sabiendo esto, es donde entra la Universidad. Si bien, señala Vallaeys, 2011) el papel de la Universidad es término es el de legitimar el saber, su papel no puede limitarse al de un mero aval ante la sociedad. Eso era en la Edad Media. Hoy la Universidad debe incluir el componente ético y ciudadano en la formación de sus profesionales. Pero también debe usar su legitimidad y autonomía para involucrarse en las decisiones que tienen efectos sobre la sociedad.

El saber que se genera en la universidad ya no puede practicarse bajo una especie de Ley de Gabor, que dice que todo lo que puede hacerse, se hará, sin importar las consecuencias. "Un colega que es físico me comentó hace tiempo, antes de lo que pasó en Fukushima, que las centrales nucleares le daban miedo, porque no había ninguna persona que supiera todo sobre su funcionamiento; es el peligro de la hiperespecialización", cuenta (Vallaeys.2011)

Heidegger (Heidegger 1990, p. 170 /H. 1985, p. 180) afirmaba que la ciencia no piensa. "No es que sea boba, sino que la actividad científica no es reflexiva... por lo general un científico no sujeta su labor a preguntarse sobre los efectos que se van a generar con su investigación, porque entonces sus preguntas ya no serían científicas, serían éticas o filosóficas, pero no científicas; por eso la ciencia no piensa. De ahí la importancia de que los científicos piensen y nosotros con ellos, porque pueden producir cualquier cosa", dice.

La Universidad también debe revertir el uso del saber cómo mercancía. Sobre esto dice que "la autonomía, la universalidad y la neutralidad del saber ya no están garantizados o blindados contra los intereses privados y los fines lucrativos. El saber se ha vuelto mercancía y una mercancía jamás tiene legitimidad en sí misma. Hace poco en Francia se decidió sacar del mercado un medicamente que tenía efectos colaterales cuando ni siquiera debió entrar al mercado, pero fue así, porque existía colusión entre la farmacéutica que lo creó y algunos políticos que buscaban dinero".

Un papel importantísimo de la Universidad es el de fungir como un 'whistleblower' de la sociedad, es decir, como el medio que llame la atención sobre lo que se hace con el saber. "A través de conferencias ciudadanas, de arbitraje de los conflictos tecno científicos, de la normalización ética y deontológica de los profesionales, de mediadora y activadora del diálogo social. Esas son las nuevas dimensiones en las que debe moverse a fin de evitar una sociedad de riesgo", plantea (Vallaeys.2011)

Por otro lado, la Universidad debe evolucionar entrando a la política. En este sentido, François Vallaeys (2011) dice que "la ciencia tiene que entrar en la política por la puerta de la universidad; la universidad debe plantear reflexiones públicas sobre los riesgos que se pueden producir por el ejercicio de las tecno ciencias, construyendo un espacio público de diálogo y argumento para controlar o evitar los riesgos. Y es que ni la política es tan sucia, ni la ciencia tan limpia. Ambas deben convivir mediadas por la universidad".

Es importante que el espacio público-político de la ciencia, de acuerdo a Vallaeys, no sea liderado ni por el Estado ni por las empresas, tampoco por la sociedad civil o los medios. "La universidad es histórica y estructuralmente la institución designada para llevar a cabo esta nueva función pública reflexiva", asegura.

- **Universitarios Y Luego, Ciudadanos Socialmente Responsables.**

Diferentes autores han estado de acuerdo en que el arte de educar y la propia pedagogía como sistema de conocimientos sobre la educación requieren de un fundamento filosófico.

Como dice MedarnoVitier(1948) ¨ninguna de las ramas del conocimiento ilumina tanto a la filosofía como la educación.

La educación cubana se sustenta de manera integradora en la filosofía marxista y en el ideario pedagógico del Héroe Nacional de Cuba, José Martí, cuya concepción sobre la escuela, la función del docente y la relación entre enseñar y educar constituyen fuertes baluartes sobre los que se erige la política actual de la educación cubana, lo que le aporta al docente actual un mayor discernimiento sobre su encargo social, no solamente en la institución, sino en su labor educativa con la familia y la comunidad.

En la sociedad contemporánea se hace necesario perfeccionar la estructura organizativa y científico teórica del proceso docente educativo, con vistas a crear un sistema armónico que prepare para la sociedad los hombres que esta necesita, con el fin de cumplir sus tareas en todas las esferas de la vida.

Como señala Carlos Álvarez: (1995)¨ El trabajo metodológico, es la dirección del proceso docente- educativo en el cual se desarrollan tanto la planificación y organización del proceso como su ejecución y control.

Por lo que se hace necesario redimensionar el trabajo metodológico en los departamentos de la Universidad en función de esta nueva concepción de Universidad nueva debido a que se encuentra atomizado, está desarticulado en todas las modalidades y presenta un solapamiento de actividades metodológicas en los colectivos.

El docente en su formación tiene que nutrirse de todo el legado dejado por las generaciones de educadores precedentes, por el baluarte de cultura y etapas de desarrollo que ha tenido la Universidad cubana, examinando cada momento del proceso formativo desde un enfoque contextual, hasta su devenir actual, así como la asimilación de las perspectivas de posibles cambios, teniendo en cuenta los pronósticos de la evolución y perfeccionamiento del proceso de transformaciones que el desarrollo actual de la educación exige.

La teoría del conocimiento del marxismo revela la esencia de la relación cognoscitiva del hombre partiendo de su actividad transformadora, lo que posibilita investigar el surgimiento de los conceptos, categorías, regularidades y leyes y fundamentar la actividad del conocimiento humano.

La construcción de los conocimientos pedagógicos se logra a partir de la investigación del docente con un carácter científico del proceso docente educativo, al enfrentarse a la solución de los problemas y tareas profesionales, las que asume en un proceso de investigación educativa que permite el enfrentamiento de la teoría y la práctica, revelando las contradicciones que se dan entre ellas. La teoría es confrontada, perfeccionada y valorada a la luz de la práctica pedagógica, la práctica diversa, compleja e inacabada ofrece un grupo de problemas profesionales que deben ser resueltos.

Ese proceso exige una permanente búsqueda de información científico pedagógica mediante la auto preparación sistemática y de esta forma se aprehende del modo de actuación que tipifica al docente que asume la función de investigador al desarrollar su labor educativa.

Esta relación da evidencia de un enfoque sistémico para estructurar el trabajo metodológico desde los lineamientos de la institución hacia las facultades de esta a los departamentos, a las carreras, a los colectivos pedagógicos y de año.

- **Fundamentos Sociológicos**

Palabras de Alonso Hinojal: (1980)

" La educación no es un hecho social cualquiera, la función de la educación es la integración de cada persona en la sociedad, así como el desarrollo de sus potencialidades individuales la convierte en un hecho social central con la suficiente identidad e idiosincrasia como para constituir el objeto de una reflexión sociológica específica.

El devenir histórico del proceso de formación de docentes en cuba se ha caracterizado por revelar el quehacer del educador en su vinculación a las exigencias sociopolíticas de cada época. En el estado cubano se han definido con claridad los fines y objetivos de la educación y se ha identificado la función educativa de la sociedad.

Los cambios científicos tecnológicos determinan que los centros de educación superior transformen sus misiones y objetivos para poder cumplir responsablemente con la preparación, recalificación y formación continua de los recursos humanos que exige la reestructuración económica de cada país.

Por tanto la formación profesional debe lograr una preparación para la investigación, el desarrollo, la aplicación y la transferencia de tecnologías adecuadas a los contextos, lo que implica una formación que responda a la magnitud de los cambios y transformaciones y permita un rápido accionar con criterio propio

Por todos los cambios ocurridos en la sociedad se hace necesario reestructurar el trabajo metodológico en la Universidad, decir que el trabajo metodológico debe partir de una necesidad o problema siendo en este caso su punto de partida.

Así se supone que es necesario establecer a partir de las necesidades actuales y perspectivas de la misión de la Universidad las bases del proceso de formación de los profesionales a través de la enseñanza y el aprendizaje.

El objetivo del Trabajo metodológico es optimizar el proceso docente educativo en la universidad para lograr eficiencia, efectividad y eficacia en el proceso de formación de profesionales a través de la enseñanza y el aprendizaje mediante la gestión didáctica.

Tiene gran importancia el trabajo metodológico ya que dé él depende la formación del futuro trabajador que se va a desempeñar en la sociedad y este individuo debe responder al modelo del profesional que requiere la sociedad.

Las condiciones y formas de actividad que asume el cumplimiento de las funciones del docente exige del enfoque interdisciplinario que tiene la labor científico metodológica, dada la complejidad de los problemas profesionales que se asumen actualmente y que reclaman una actividad científico colectiva, donde cada sujeto socializa sus conocimientos, busca en niveles superiores la efectividad social en la toma de decisiones para ofrecer la respuesta más efectiva a cada situación, en una aplicación cada vez más consciente y rigurosa de los métodos científicos en el proceso docente educativo, lo que conduce a la construcción y enriquecimiento de la teoría pedagógica y de una ética que se caracteriza por poseer los valores y cualidades morales que han sido cultivados por los más ilustres docentes cubanos(José de la Luz, Varela, José Martí, Fidel Castro, Ernesto Guevara, entre otros).

La función del docente en su rol de educador trasciende el marco escolar para erigirse desde las relaciones Universidad – sociedad, para satisfacer las necesidades espirituales del individuo.

Conflicto:

Díaz–Aguado (2005) manifiesta que para prevenirla es necesario romper la "conspiración del silencio" que ha existido hasta hace poco sobre este tema, y enseñar a condenarla en todas sus manifestaciones, insertando su tratamiento en un contexto normalizado orientado a mejorar la convivencia. Conviene tener en cuenta, en este sentido, que algunas de las características de la escuela tradicional contribuyen a que en ella se produzca la violencia o dificultan su erradicación: como la permisividad que suele existir hacia la violencia entre iguales como reacción (expresada en la máxima "si te pegan, pega") o como forma de resolución de conflictos entre iguales; la forma de tratar la diversidad actuando como si no existiera; o las frecuentes situaciones de exclusión que se viven en ella.

Torrego (2000) hace presencia dando su aporte,   indica que un conflicto se desarrolla entre dos o más personas que por determinadas situaciones o por diferencias de intereses y valores llegan a conflictos por falta de comunicación, donde cada quien trata de imponer su propia palabra queriendo expresar su enfrentamientos.

En las instituciones educativas muchas veces se generan los conflictos por mala comunicación, por abuso de autoridad, por no regirse bajo las normativas de un código de convivencia institucional, porque muchas veces los docentes subestiman la capacidad de tolerancia de los estudiantes y porque los estudiantes no respetan a sus compañeros y compañeras, los conflictos se van desarrollando o modificando de acuerdo al contexto del momento.

Mediación:

El término mediación hace referencia al acto de mediar, de intervenir en una situación con el objetivo de solucionar un enfrentamiento o disputa entre dos partes. La mediación siempre supone una actitud cercana a la objetividad ya que se entiende que alguien que no está directamente involucrado con el hecho o problema a solucionar no responderá siguiendo intereses personales. La mediación puede darse de modo informal y en la vida cotidiana así como también en grandes esferas de debate político internacional.

En este sentido, la comunidad internacional cuenta hoy en día con un número importante de entidades que se ocupan específicamente de mediar e intervenir en situaciones de conflicto entre dos países o regiones. Una de las más importantes es la ONU (Organización de Naciones Unidas), compuesta por casi todos los países del planeta. Estas entidades y organismos cuentan con un rico sistema de actuación, así como también con una legislación adecuada para cada caso, sistemas de emergencias, metodologías de acción e intervención directa, etc. Muchas veces, la ONU y otros organismos de mediación internacionales han sido criticados por no mediar o actuar de manera objetiva en la resolución de ciertos conflictos severos.

Vygotsky trabajó sobre el concepto de mediación, volviéndose cada vez más importante para comprender el funcionamiento mental. El término mediación se fundamenta a partir del uso de signos y herramientas o instrumentos. Según Vygotsky, el término signo significa "poseedor de significado", por lo cual, la mediación ubica al signo entre el individuo y el objeto de aprendizaje o finalidad, y se determina por la relación entre estos. Comprender la fuerza de los signos implica reconocer su capacidad mediacional.

Piaget, trata de una adaptación activa basada en la interacción del sujeto con su entorno. El desarrollo de la estructura cognoscitiva en el organismo es concebido como un producto de dos modalidades de interacción entre el organismo y su medio ambiente: la exposición directa a fuentes de estímulo y de aprendizaje mediado. La experiencia de Aprendizaje Mediado es la manera en la que los estímulos remitidos por el ambiente son transformados por un agente mediador.

Emponderación.

Indicar los aspectos que los distintos Filósofos como: Vygotsky; Torrego; Díaz–Aguado, que en su debido tiempo y momento ya nos indicaron de los cambios que deben existir en la educación y con respecto a la Universidad que es basada en el bien común y desarrollo filosófico de las estructuras del pensamiento y dejar a un lado ciertas conductas y metodologías de enseñanza aprendizaje como una educación bancaria.

- **Fundamentación Psicológica**

Vygotsky (1979) mantiene que los procesos psicológicos superiores (comunicación, lenguaje, razonamiento, etc.) se adquieren primero en un contexto social y luego se internalizan y esto a la vez es un producto del uso de un determinado comportamiento cognitivo en un contexto social.

En el centro de las preocupaciones de adaptación y de transformación de la educación universitaria se encuentra la formación permanente de recursos humanos. Este factor, aunque directamente no se vea así, suele ser olvidado entorno a las nuevas exigencias del conocimiento a impartir.

Está ocurriendo que en el profesor llega al aula, después de un breve saludo inicia su clase, quizás comenzando con la revisión del estudio independiente o con una pregunta escrita donde comprueba el cumplimiento de los objetivos de la clase anterior, luego comienza su conferencia, clase práctica, seminario, taller o cualquier otra forma de organización de la docencia correspondiente o simplemente la realización de un examen, y en la mayoría de las ocasiones olvidamos dedicarle un tiempo al estado psicológico, espiritual de nuestros estudiantes.

Sabemos cómo profesores evaluar a un estudiante insatisfactoriamente en el caso que no haya vencido un objetivo de la asignatura, hacerle un llamado de atención en caso de que cometa alguna indisciplina e incluso expulsarlo del aula o firmarle un acta de indisciplina según el grado de esta, pero olvidamos conocer el factor, o los factores, que incidieron en la conducta de este estudiante, que puede tener una situación determinada en su grupo de clases, con sus compañeros de cuarto, en su casa, en la sociedad o puede que algún factor, físico -mental le afecte y sea de desconocimiento para el profesor. Estas causas indudablemente afectan no solo la conducta del estudiante sino que afecta su nivel de conocimiento, de razonamiento y un poco más allá atenta contra la actividad docente o extra docente que realizamos.

Este factor psicológico, debido a la importancia que tiene, debe retomarse en todos los niveles de enseñanza y mucho más en el nivel universitario, pues en muchas ocasiones pensamos que como estamos tratando con estudiantes mayores de edad, con cierto grado de madurez, estos no tienen problemas, y en el caso que reconozcamos dichos problemas olvidamos apoyarlos, darles continuidad, sin pensar que estos no solo atentan contra las acciones del estudiantes sino que van debilitando el proceso de enseñanza - aprendizaje.

No solo la gestión del conocimiento debe ser nuestra única preocupación como profesor con respecto a nuestros estudiantes sino que debemos colocar al recurso humano como el principal factor del proceso de enseñanza. El comportamiento, el estado psicológico, los problemas, las inquietudes de nuestros estudiantes deben de formar parte del trabajo diario de un profesor y dicho trabajo debe de ir más allá del trabajo en el aula o del centro universitario sino que debe ser un poco más abarcador, extendiéndose al hogar, al barrio o comunidad, al entorno que rodea a nuestros estudiantes.

Capítulo VII.- Los Nuevos Retos de la Universidad, del Siglo XXI.

Los nuevos retos del profesor universitario del siglo XXI. Incluye desde el punto de vista pedagógico el concepto de Diagnostico Pedagógico Integral, proceso que incluye más allá que el conocimiento que puede traer el estudiante de niveles de enseñanza anteriores, sino que incluye otros factores como las condiciones sociales, familiares, económicas, físico y mentales del estudiantes, pues todos estos componentes integran en su totalidad nuestro proceso de enseñanza, y estos pueden, según el seguimiento que les demos, apoyar o debilitar el comportamiento de nuestros estudiantes en cualquier tipo de actividad.

- **Fundamentación Pedagógica**

Fundamentos de la educación (Teoría de la educación) tiene como objeto una teoría de la acción y de los procesos educativos, en los ámbitos formal, no formal e informal, que supone la tarea de explicar y comprender el fenómeno educativo.

Todo Modelo Educativo se inspira en un paradigma pedagógico que es, en definitiva, el que le concede su singularidad. En el transcurso del desarrollo de nuestras universidades, quizás a veces sin advertirlo sus profesores, han ido poniendo en práctica distintos modelos, según el fundamento pedagógico que inspira su docencia.

Si la universidad se propone la simplemente transmisión del conocimiento, como ha sido lo usual, entonces el profesor es el centro del proceso de enseñanza-aprendizaje y es él la fuente principal, y casi única, del conocimiento que se transmite a los estudiantes.

Este modelo educativo estimula en el alumno una actitud pasiva de simple receptor de los conocimientos que le brinda el profesor y, por lo mismo, deviene en un repetidor mecánico o memorista de esos conocimientos. Su evaluación positiva dependerá de la fidelidad con que sea capaz de repetir los conocimientos que el profesor expuso o dictó en el aula.

Frente a esta concepción pedagógica, desde hace siglos se ha reaccionado. Hace más de dos mil años, Séneca afirmó que "la mente humana no es un receptáculo vacío que corresponda llenar, sino un fuego que hay que alumbrar", frase que siglos después retoma Francois Rabelais (1873) cuando nos dice: "La mente del niño no es un recipiente vacío que hay que llenar, sino un fuego que hay que encender".

El análisis etimológico pone de manifiesto que educación proviene, fonética y morfológicamente, de educare ("conducir", "guiar", "orientar"); pero semánticamente recoge, desde el inicio también, la versión de educere ("hacer salir", "extraer", "dar a luz"), lo que ha permitido, desde la más antigua tradición, la coexistencia de dos modelos conceptuales básicos: (a) un modelo "directivo" o de intervención, ajustado a la versión semántica de educare; (b) un modelo de "extracción", o desarrollo, referido a la versión de educere.

Cuando se produce la llamada "Revolución Copernicana" en la pedagogía, que consistió en desplazar el acento de los procesos de enseñanza a los procesos de aprendizaje, de manera conmutante se genera un renovado interés por las teorías o paradigmas del aprendizaje.

Hablamos de un "desplazamiento del acento", para indicar que al centrar ahora los procesos de transmisión del conocimiento en los aprendizajes, es decir, en el sujeto educando, en el aprendiz, en el alumno, esto no significa desconocer o suprimir la importancia de los procesos de enseñanza y, mucho menos, el rol del profesor. Lo que pasa es que el profesor deja de ser el centro principal del proceso, pero no desaparece de él, sino que se transforma en un guía, en un tutor, en un suscitador de aprendizajes, capaz de generar en su aula un ambiente de aprendizaje. En último extremo, podríamos decir que se transforma en un co-aprendiz con su alumno, pero no se esfuma ni deja de ser importante en la relación profesor-alumno, que está en el fondo de todo proceso de enseñanza-aprendizaje.

La educadora ecuatoriana Rosa María Torres nos previene del error de exagerar el énfasis en los aprendizajes, hasta el extremo de desconocer la relación dialéctica que debe existir entre la enseñanza y el aprendizaje, entre el profesor y el alumno. Al respecto, esta educadora nos dice: "Enseñanza-aprendizaje constituyen una unidad dialéctica. La enseñanza se realiza en el aprendizaje (aunque no a la inversa). En el concepto de enseñanza está incluido el de aprendizaje. Enseñanza sin aprendizaje no es enseñanza, es un absurdo".

Lo que sí es evidente es que debemos superar la concepción de la educación como simple "transmisión-acumulación" de conocimientos e información. De esta manera, la llamada "crisis educativa" es en buena parte una crisis del modelo pedagógico tradicional. Dicho modelo requiere una revisión a fondo frente al hecho incuestionable del crecimiento acelerado del conocimiento contemporáneo, acompañado de su rápida obsolescencia, así como ante otra realidad como lo es el desplazamiento del aparato escolar como único oferente de educación y el surgimiento de la "escuela paralela" de los medios masivos de comunicación y la rápida difusión de la información a través de las modernas tecnologías. Indiscutiblemente, estos fenómenos modifican, necesariamente, el modelo pedagógico y el rol del profesor.

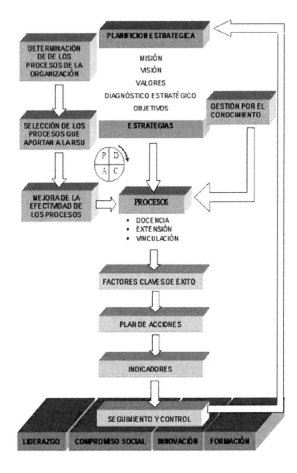

Figura 1 Modelo para el abordaje de la RSU con enfoque de proceso y por el conocimiento.[15]

[15] Acercamiento a la Responsabilidad Social Universitaria desde un enfoque de procesos
y basado en la gestión del conocimiento. Oscar López Bastidas, Alberto Medina León, Dianelys
Nogueira Rivera, Arialys Hernández Nariño, Juan Carlos Zulueta Cuesta
1Facultad de Arquitectura y Urbanismo, Universidad Internacional SEK, Quito, Ecuador.
2Universidad de Matanzas. AnuArio de lA universidAd internAcionAl seK (2011), 12: 61 - 68
Camilo Cienfuegos. Cuba.

Mediación pedagógica.

Nos dice Daniel Prieto Castillo (2004) "Es pedagógica aquella mediación capaz de promover y acompañar el aprendizaje de nuestros interlocutores, es decir promover en los otros la tarea de construirse y de apropiarse del mundo y de sí mismos".

En una institución educativa, cuya intencionalidad es la transmisión de la cultura, hay muchos actores que, en algún momento, cumplen la función del mediador, el que cuestiona nuestro presente, el que nos pone frente a lo enigmático.

La mediación, así entendida, cambia la concepción que se tenía de los actores de la educación, docente, alumno, directivo, quienes en un interjuego permanente dan vida a una institución educativa.

Resulta interesante analizar ese interjuego desde el lugar de cada uno de ellos y tener así una idea más acabada de su rol en la mediación.

Desde el lugar del docente:

La mediación es una tarea de interacción en la que es importante la actitud del docente, quien se constituye en un mediador cultural, puesto que continúa ampliando las acciones o situaciones que anteriormente el alumno recibió de su medio. La cultura aporta un código de interpretación que permite la construcción de sentidos y significados, muchas veces, transmitido en forma inconsciente.

Por otra parte, el docente adquiere un significado simbólico cuando ante la sociedad asume el rol que la cultura le asigna: cumple con el desarrollo de las funciones psicológicas superiores y se constituye en el mediador de la didáctica cognitiva y lo hace conscientemente y con intencionalidad.

Brunet (1987) pone de manifiesto cómo los comportamientos individuales, la motivación y el liderazgo, junto a la estructura de la organización, determinan el clima que viene a incidir sobre los resultados de la organización escolar.

Emponderación.

Realmente nosotros como Docentes debemos y somos los encargados de realizar cambios en la sociedad con nuestros estudiantes ya que ellos serán los actores directos de los procesos de cambio sociales, no dejar o esperar que las leyes o un Gobierno hagan los cambios que están a nuestra simple vista, no esperar que exista una coercibilidad para cambiar, lo contrario hacerlos por un bien común en paz y armonía.

Los ejes de la responsabilidad social universitaria

Vallaeys afirma que los tipos de impactos sirven para definir cuatro ejes de Responsabilidad Social Universitaria y que los define como:

- *"Campus responsable*

Implica la gestión socialmente responsable de la organización y sus procedimientos institucionales, el clima laboral, los recursos humanos, los procesos democráticos internos y el cuidado del medioambiente. El objetivo de este eje reside en promover un comportamiento organizacional responsable de todos los integrantes de la comunidad universitaria (PDI, PAS, estudiantes). A través de los valores éticos de la organización los miembros de la comunidad aprenden en la Universidad y de la Universidad.

- **Formación profesional y ciudadana**

Es la gestión socialmente responsable de la formación académica (en su temática, organización curricular, metodología y propuesta didáctica). La formación profesional debe fomentar competencias de responsabilidad en sus egresados. Esto implica que la orientación curricular tenga una relación estrecha con los problemas de la vida cotidiana (económicos, sociales y ecológicos) de la sociedad y esté en contacto con actores externos involucrados con dichos problemas.

- **Gestión social del conocimiento**

Es la gestión socialmente responsable de la producción y difusión del saber, la investigación y los modelos epistemológicos promovidos desde el aula. El objetivo consiste en orientar la actividad científica a través de una concertación de las líneas de investigación universitaria con interlocutores externos a fin de articular la producción de conocimientos con el resto de Responsabilidad Social Universitaria (RSU) instituciones. También supone que los procesos de construcción de los conocimientos incluyan la participación de otros actores sociales.

La Responsabilidad Social de la ciencia implica la tarea de difundir ampliamente y de modo comprensible los procesos y resultados de la actividad científica para facilitar el ejercicio ciudadano de reflexión crítica sobre ésta y el alcance social que tiene para el desarrollo de la sociedad.

- **Participación social**

Es la gestión socialmente responsable de la participación de la Universidad en la comunidad. El objetivo apunta a la realización de proyectos con otros actores de tal modo que se constituyan vínculos (capital social) para el aprendizaje mutuo y el desarrollo social. Se trata de la reunión de diversos actores de dentro y fuera de la Universidad para trabajar en equipo alrededor de un proyecto social consensuado, de tal modo que asegure el aprendizaje permanente entre todos y, al mismo tiempo, contribuya a la solución de problemas sociales concretos."[16]

Esto cuatro ejes defendidos por (Vallaeys) se fundamenta la legislatura ecuatoriana en su Constitución y leyes de la educación superior (LOES)

---

[16] (Vallaeys-de la Cruz-Sasia, 2009: páginas 14-15)

Capítulo VIII.- Fundamentación Legal:

La Constitución. (Ecuador)

Art. 26, La educación es un derecho de las personas a lo largo de su vida y un deber ineludible e inexcusable del Estado. Constituye un área prioritaria de la política pública y de la inversión estatal, garantía de la igualdad e inclusión social y condición indispensable para el buen vivir. Las personas, las familias y la sociedad tienen el derecho y la responsabilidad de participar en el proceso educativo.

Art. 27, La educación se centrará en el ser humano y garantizará su desarrollo holístico, en el marco al respeto de los derechos humanos, al medio ambiente sustentable y a la democracia; será participativa, obligatoria, intercultural, democrática, incluyente y diversa, de calidad y calidez, impulsará la equidad de género, la justicia, la solidaridad y paz; estimulará el sentido crítico, el arte, y la cultura física, la iniciativa individual y comunitaria, y el desarrollo de competencias y capacidades para crear y trabajar.

La educación es indispensable para el conocimiento, el ejercicio de los derechos y la construcción de un país soberano, y constituye un eje estratégico para el desarrollo nacional.

Art. 28, inc. 4, La educación pública será universal y laica en todos sus niveles y gratuita hasta el tercer nivel de educación superior inclusive.

Art. 29, inc. 1, El Estado garantizará la libertad de enseñanza, la libertad de cátedra en la educación superior, y el derecho de las personas de aprender en su propia lengua y ámbito cultural.

Art. 347, inc. 11, garantizar la participación activa de estudiantes, familias y docentes en los procesos educativos.

Título II. De la mediación

Art. 43. La mediación es un procedimiento de solución de conflictos por el cual las partes, asistidas por un tercero neutral llamado mediador, procuran un acuerdo voluntario, que verse sobre materia transigible, de carácter extra-judicial y definitivo, que ponga fin al conflicto.

Convención Sobre Los Derechos Del Niño
Convención sobre los Derechos del Niño · UNICEF Comité Español (20 de noviembre de 1989)

Artículo 28

1. Los Estados Partes reconocen el derecho del niño a la educación y, a fin de que se pueda ejercer progresivamente y en condiciones de igualdad de oportunidades ese derecho, deberán en particular:

a) Implantar la enseñanza primaria obligatoria y gratuita para todos;

b) Fomentar el desarrollo, en sus distintas formas, de la enseñanza secundaria, incluida la enseñanza general y

profesional, hacer que todos los niños dispongan de ella y tengan acceso a ella y adoptar medidas apropiadas tales como la implantación de la enseñanza gratuita y la concesión de asistencia financiera en caso de necesidad;

c) Hacer la enseñanza superior accesible a todos, sobre la base de la capacidad, por cuantos medios sean apropiados;

d) Hacer que todos los niños dispongan de información y orientación en cuestiones educacionales y profesionales y tengan acceso a ellas;

e) Adoptar medidas para fomentar la asistencia regular a las escuelas y reducir las tasas de deserción escolar.

2. Los Estados Partes adoptarán cuantas medidas sean adecuadas para velar por que la disciplina escolar se administre de modo compatible con la dignidad humana del niño y de conformidad con la presente Convención.

3. Los Estados Partes fomentarán y alentarán la cooperación internacional en cuestiones de educación, en particular a fin de contribuir a eliminar la ignorancia y el analfabetismo en todo el mundo y de facilitar el acceso a los conocimientos técnicos y a los métodos modernos de enseñanza. A este respecto, se tendrán especialmente en cuenta las necesidades de los países en desarrollo.

Artículo 29

Los Estados Partes convienen en que la educación del niño deberá estar encaminada a:

a) Desarrollar la personalidad, las aptitudes y la capacidad mental y física del niño hasta el máximo de sus posibilidades;

b) Inculcar al niño el respeto de los derechos humanos y las libertades fundamentales y de los principios consagrados en la Carta de las Naciones Unidas;

c) Inculcar al niño el respeto de sus padres, de su propia identidad cultural, de su idioma y sus valores, de los valores nacionales del país en que vive, del país de que sea originario y de las civilizaciones distintas de la suya;

d) Preparar al niño para asumir una vida responsable en una sociedad libre, con espíritu de comprensión, paz, tolerancia, igualdad de los sexos y amistad entre todos los pueblos, grupos étnicos, nacionales y religiosos y personas de origen indígena;

e) Inculcar al niño el respeto del medio ambiente natural.

Nada de lo dispuesto en el presente artículo o en el artículo 28 se interpretará como una restricción de la libertad de los particulares y de las entidades para establecer y dirigir instituciones de enseñanza, a condición de que se respeten los principios enunciados en el párrafo del presente artículo y de que la educación impartida en tales instituciones se ajuste a las normas mínimas que prescriba el Estado.

Ley Orgánica de Educación Intercultural. (Ecuador)

Principios:

i). Educación en valores: La educación debe basarse en la transmisión y práctica de valores que promuevan la libertad personal, la democracia, el respeto a los derechos, la responsabilidad, la solidaridad, la tolerancia, el respeto a la diversidad de género, generacional, étnica, social, por identidad de género, condición de migración y creencia religiosa, la equidad, la igualdad y la justicia y la eliminación de toda forma de discriminación.

k. Enfoque en derechos.- La acción, práctica y contenidos educativos deben centrar su acción en las personas y sus derechos. La educación deberá incluir el conocimiento de los derechos, sus mecanismos de protección y exigibilidad, ejercicio responsable, reconocimiento y respeto a las diversidades, en un marco de libertad, dignidad, equidad social, cultural e igualdad de género.

Ley Orgánica de Educación Superior. LOES. (Ecuador)

Art. 8, lit. D. Formar académicos y profesionales responsables, con conciencia ética y solidaria capaz de contribuir al desarrollo de las instituciones de la República, a la vigencia del orden democrático, y a estimular la participación social.

Art. 9.- La Educación Superior y el Buen Vivir.- La educación superior es condición indispensable para la construcción del derecho del buen vivir, en el marco de la interculturalidad, del respecto a la diversidad y la convivencia armónica con la naturaleza.

Título VI Pertinencia
Capítulo 1
Del Principio De Pertinencia

Art. 107.- Principio de pertinencia.- El principio de pertinencia consiste en que la educación superior responda a las expectativas y necesidades de la sociedad, a la planificación nacional, y al régimen de desarrollo, a la prospectiva de desarrollo científico, humanístico y tecnológico mundial, y a la diversidad cultural. Para ello, las instituciones de educación superior articularán su oferta docente, de investigación y actividades de vinculación con la sociedad, a la demanda académica, a las necesidades de desarrollo local, regional y nacional, a la innovación y diversificación de profesiones y grados académicos, a las tendencias del mercado ocupacional local, regional y nacional, a las tendencias demográficas locales, provinciales y regionales; a la vinculación con la estructura productiva actual y potencial de la provincia y la región, y a las políticas nacionales de ciencia y tecnología.

Art. 124.- Formación en Valores y Derechos.- Es responsabilidad de las instituciones del sistema de Educación Superior proporcionar a quienes egresen de cualesquiera de las carreras o programas y cursos de vinculación con la sociedad guiados por el personal académico. Para ser estudiantes de los mismos no hará falta cumplir los requisitos del estudiante regular.

Conclusiones parciales.

- El análisis teórico y legal realizado en este capítulo permite sustentar que el estudio autónomo del estudiante y su responsabilidad social y la relación a la sociedad es viable en su concepción teórica y en su aplicación práctica y legal.
- Existe un sólido fundamento teórico para que la sociedad confíe en el profesional del Derecho y a su vez todos seamos responsables de nuestra colectividad y sociedad como actores principales de cambios.
- Según Hernández Fernández y Baptista (2002-405) el enfoque cualitativo busca obtener información de sujetos, comunidades, contextos, variables o situaciones en profundidad en las propias palabras, definiciones o términos de los sujetos.
- En un mundo que requiere más formación para poder participaren los asuntos públicos propios de una ciudadanía activa .En definitiva un mundo plural en el que vivir, complejo de comprender y que requiere transformaciones en aras de una mayor justicia y equidad.
- Por ello hoy la educación –también la educación superior y la formación universitaria– adquiere una relevancia especial para aquellos que creemos que mediante ella es posible la transformación de nuestra sociedad en una sociedad más digna, inclusiva, cohesionada y equitativa. Obviamente será difícil tal transformación si la educación –en sus diferentes etapas y en especial en la universidad– no se plantea con el mismo interés avanzar hacia un sistema formativo de calidad que garantice, en función de las posibilidades de cada persona, por una parte más inclusión y equidad, y por otra y a la vez excelencia en los aprendizajes y competencia al más alto nivel en el mundo del trabajo .La preparación para el mundo del trabajo y la formación para una ciudadanía activa deberían convertirse en los dos

objetivos más relevantes de la educación para las próximas décadas y también en objetivos clave para la

Desarrollo de la responsabilidad Socio-Profesional y el Buen Vivir.

Aclaremos, de partida, que el comportamiento ético no es un asunto exclusivo de los profesionales. Concierne, sin duda, a toda actuación humana; pero compromete con mayor énfasis a quienes han tenido el privilegio de una formación de nivel superior a costa de toda la sociedad que ha debido contribuir a ella y que espera, justificadamente, una actuación correcta de quienes han disfrutado de esa preferencia selectiva.
La capacidad que el ser humano tiene de establecer su propia identidad y atribuirle un valor. De aquí que el auténtico origen de la autoestima está en nuestro interior y se manifiesta externamente en la seguridad con que nos enfrentamos a los problemas cotidianos de nuestra vida, Es verdad que la formación ética llega a veces por otros cauces; y que la mejor enseñanza moral proviene del ejemplo del maestro y no del mero discurso. Pero cada profesión afronta problemas conductuales específicos que difícilmente se podrán resolver correctamente si no se les ha previsto y analizado en la etapa formativa, Por eso mismo existen los Códigos de Ética de cada profesión, sin perjuicios de los principios y normas de la Ética General.

Conclusiones.

Al culminar el presente trabajo investigativo se arriban a las siguientes conclusiones:

❖ El diseño de la investigación presentado en la introducción contiene los elementos necesarios para encaminar la investigación y confirmar la hipótesis planteada.

❖ El estudio teórico permitió conocer una amplia perspectiva sobre el aprendizaje, servicio y Responsabilidad Social.

❖ Con opiniones mayormente favorables la hipótesis fue aceptada a través de las opiniones de las personas consultadas lo cual evidenció la necesidad de un taller de responsabilidad social.

"Nos es necesaria una toma de conciencia radical:

La causa profunda del error no está en el error de hecho (falsa percepción), ni en el error lógico (incoherencia), sino en el modo de organización de nuestro saber en sistemas de ideas (teorías, ideologías); hay una nueva ignorancia ligada al desarrollo mismo de la ciencia:

1. Hay una nueva ceguera ligada al uso degradado de la razón,

2. Las amenazas más graves que enfrenta la humanidad están ligadas al progreso ciego e incontrolado del conocimiento (armas termonucleares, manipulaciones de todo orden, desarreglos ecológicos, etc.)"

(Edgar Morín)

Recomendaciones

Mediante el siguiente trabajo investigativo, llegamos a conclusiones en las cuales se detallan a continuación:

- ❖ Se implementaron ciertos métodos como el teórico, práctico, modelo de encuestas para llegar a los resultados obtenidos.
- ❖ Se implementaron encuestas a los actores de este proceso, Directivos, Docentes Estudiantes Personal Administrativo y de Servicio.
- ❖ Continuar inculcando los niveles de responsabilidad social y el buen vivir.
- ❖ Concienciar por medio del trabajo grupal, cómo la pérdida de valores ha influido en el comportamiento en el ámbito familiar, educativo y ser un eje integrado a la sociedad.
- ❖ Diseñar otros tipos de propuestas metodológicas, que ayude a insertar un mejor producto profesional en los estudiantes.
- ❖ Elaborar otros tipos de integración que sirvan para el desarrollo de RSU (Responsabilidad Social Universitaria)
- ❖ Proponer a las autoridades de la Institución aplicar y socializar la propuesta entre la comunidad educativa para su aplicación inmediata.
- ❖ Continuar las investigaciones teóricas y prácticas así como la recopilación de las experiencias pre-profesionales para facilitarlas a través de la página WEB de la Institución.

"las universidades tienen una responsabilidad ineludible de participar activamente en los procesos democráticos y apoyar a los grupos marginados. Deben utilizar los procesos educativos y de investigación para responder, servir y fortalecer la ciudadanía en los ámbitos local y mundial.

Nuestras instituciones deben contribuir a construir una cultura de la reflexión y de la acción, capaz de transmitir el deseo de aprender e investigar."[17]

---

[17] (Declaración de Talloires, 2005: página 2).

Bibliografía y Producciones Científicas Citadas

- Arce, L. H., Benavides, F. G., &Jodar, P. (2006).Responsabilidad social corporativa en salud y seguridad en el trabajo: Dimensiones, realidad y perspectivas1. Cuadernos De Relaciones Laborales, 24(1), 183-198.
- Alonso Hinojal I. Sociología de la educación. Madrid: Centro de Investigaciones Sociológicas; 1980.
- AYALA Villegas Sabino. GERENCIA EDUCATIVA. Teoría y pensamiento administrativo. http://www.gestiopolis.com/recursos5/docs/ger/geredu.htm
- Camejo, A. J., & Cejas, M. (2009). Responsabilidad social: Factor clave de la gestión de los recursos humanos en las organizaciones del siglo XXI. Nómadas, 21(1), 127-142. http://search.proquest.com/docview/218730095?accountid=130280
- Claro, F. (2002). Aspectos académicos de la educación superior universitaria en américa latina. Estudios Sociales (Chile), 11-25. http://search.proquest.com/docview/748671067?accountid=130280
- (Declaración de Talloires, 2005: página 2).
- DIAZ-AGUADO, M.J. (2006) El acoso escolar. Claves para prevenir la violencia desde la familia. Madrid: Comunidad de Madrid.
- DIAZ-AGUADO, M.J (2002) Convivencia escolar y prevención de la violencia.
- DIAZ-AGUADO, M.J. (2006) Del acoso escolar a la cooperación en las aulas. Madrid: Pearson-educación/Prentice-Hall.
- De Guevara, C, Ramos, J. &Armentia, P. (2007). La formación de la responsabilidad social en la universidad. Revista Complutense De Educación, 18(2), 47-66.
- Formador Ocupacional,http://formaryeducar.blogspot.com/2010/02/la-asertividad-en-la-educacion.html.
- GERENCIA Educativa http://www.articuloz.com/colegios-articulos/gerencia-educativa-507070.html MACHA Velasco, Ruperto. La gerencia educativa eficaz http://www.monografias.com/trabajos33/gerencia-educativa/gerencia-educativa.shtml

http://www.monografias.com/trabajos15/etica-axiologia/etica-axiologia.shtml

- Lev Vygotsky "El desarrollo de los procesos psicológicos superiores" (1979) Barcelona (1941) Rabelais and his world, Bloomington, Indiana University Press.

- SCHÜSSLER, Renate Modelos de desarrollo educativo institucional. Proyecto de fortalecimiento de la gestión educativa en y a través de los institutos superiores pedagógicos (PROFOGED) http://www.uam.es/otros/rinace/biblioteca/documentos/Modelo %20Desarrollo%20El.pdf VÁSQUEZ Glano, Karina Beatriz, Lie. "Lineamientos para un programa de capacitación dirigido a directores de escuelas unidocentes del ámbito rural del Perú" Pontificia Universidad Católica del Perú http://www.udg.edU/portals/3/didactiques2010/guiacdll/ACABA DES%20FINALS/367.pdf

- Microsoft® Encarta® 2009. © 1993-2008 Microsoft Corporation.

- vocesurgentes.blogspot.com/2007/08/discapacid.../

- (Vallaeys-de la Cruz-Sasia, 2009: páginas 14-15)

Bibliografía:

- Arce, L. H., Benavides, F. G., & Jodar, P. (2006).Responsabilidad social corporativa en salud y seguridad en el trabajo: Dimensiones, realidad y perspectivas1. Cuadernos De Relaciones Laborales, 24(1), 183-198.
- Arias, M. (2009) El compromiso de las organizaciones con la sostenibilidad. En: Memorias del Taller por el Día Mundial del Medio Ambiente ebrary Reader. Editorial Universitaria.
- Barroso, T (2009) Responsabilidad social empresarial y sugerencias para su aplicación en instituciones educativas. México. Editorial Universidad Simón Bolívar.
- Cardoso, R. (2009) La educación en valores en el contexto universitario. Revista Pedagogía Universitaria Vol. 4 No. 2, 1999. Cuba. Editorial Universitaria.
- CERES-ETHOS 2010. Guía CERES de Indicadores de Responsabilidad Social Empresarial. Ecuador.
- Constitución del Ecuador (2008- Vigente)
- Convención Sobre Los Derechos Del Niño
- Convención sobre los Derechos del Niño • UNICEF Comité Español (20 de noviembre de 1989)
- Domaccin, E. (2010.) Vinculación con la colectividad, actividad necesaria en la formación profesional de los estudiantes de la ULEAM. En: Memorias del programa científico Universidad 2010 Reader Editorial Universitaria.
- Duan, D (2009) Investigación en Administración Internacional. México. Thomson Editores.
- Dr. François Vallaeys
- Elejalde, F (2009) Acerca de la introducción de la dimensión ambiental en la educación universitaria. Memorias del VI Coloquio de Experiencias Educativas en el contexto universitario. Cuba. Editorial Universitaria.
- Ética profesional y rol docente en el mundo globalizado. Por Gonzalo Montenegro y César Peña. Anuario Pregrado 2004.

- GONZÁLEZ GUITIÁN Y MARTÍNEZ RÍOS: El profesional de la información y el comportamiento ético en el contexto actual, en Contribuciones a las Ciencias Sociales, noviembre 2009, www.eumed.net/rev/cccss/06/ggmr.htm
- Menéndez, Aquiles. Ética Profesional. Editorial Herrero Hermanos, México, 1967.
- MOORE, Christopher. (1995). El proceso de mediación. Editorial Porteño Buenos Aires, 260 págs.
- Ministerio De Educación. (2011). Ley Orgánica de Educación Superior (LOES) Y Ley Orgánica de Educación Intercultural.(LOEI)
- PONCE Cáceres, Vicente. Guía para el diseño de Proyectos Educativos. Editorial Pedagógica. 2003. REQUEIJO - LUGO. (1987). Administración Escolar. Editorial Biosfera S.R.L. Caracas. Venezuela. SABINO, C. (1986). El Proceso de Investigación. Editorial PANAPO. Caracas
- TORREGO, J.C. (coord.) (2000). Mediación de conflictos en instituciones educativas: manual para la formación de mediadores. Madrid: Nancea. 190 págs.
- UNIVERSIDAD DE GUAYAQUIL, VICERRECTORADO ACADÉMICO. (2000). **Paradigmas de la Educación**. *Enero 2012, Observatorio Regional de Responsabilidad Social para América Latina y el Caribe (IESALC-UNESCO) Bogotá, Colombia.*
- *Vallaeys F. (2008b) "Responsabilidad Social Universitaria: una nueva filosofía de gestión ética e inteligente para las universidades", in: "Educación Superior y Sociedad", Año 13, nº2, Septiembre 2008, Caracas, Instituto Internacional de UNESCO para la Educación Superior en América Latina y el Caribe (IESALC-UNESCO).*
- *Vallaeys F. de la Cruz C. Sasia P. (2009) Responsabilidad Social Universitaria, Manual de primeros pasos, México, McGraw-Hill Interamericana Editores, Banco Interamericano de Desarrollo. El Manual está disponible en el siguiente enlace: http://idbdocs.iadb.org/wsdocs/getdocument.aspx?docnum=35125786*
- *Vallaeys F. (2011) Les fondementséthiques de la ResponsabilitéSociale, Tesis de doctorado, Universidad de París Este. Disponible en el siguiente enlace: http://blog.pucp.edu.pe/eticarsu.*

Glosario de Términos

- **ANÁLISIS:** Estudio de las palabras de un texto y de las relaciones que hay entre ellas.
- *ARBITRAJE:* Mecanismo de resolución de conflictos mediante el cual los actores involucrados someten su caso a un tercero llamado árbitro –que puede ser el docente tutor o tutora– quien resuelve el conflicto imponiendo una solución que los involucrados deben obedecer.
- **ASERTIVIDAD:** La Asertividad es un comportamiento de defensa de los derechos y opiniones personales y de respeto a los derechos y opiniones de los demás, así como el auto refuerzo y el refuerzo de los demás, este concepto tiene mucha relación con la autoestima. El término "asertividad" actualmente es considerado como parte importante de las conductas que integran dentro de las habilidades sociales. Modelo de relación interpersonal que permite establecer relaciones gratificantes y satisfactorias tanto con uno mismo como con los demás.
- **ATROPELLAR:** Agraviar a alguien empleando violencia o abusando de la fuerza o poder que se tiene.
- **AUTOESTIMA:** La autoestima es un conjunto de percepciones, pensamientos, evaluaciones, sentimientos y tendencias de comportamiento dirigidas hacia nosotros mismos, hacia nuestra manera de ser y de comportarnos, y hacia los rasgos de nuestro cuerpo y nuestro carácter. La importancia de la autoestima estriba en que concierne a nuestro ser, a nuestra manera de ser y al sentido de nuestra valía personal. Por lo tanto, puede afectar a nuestra manera de estar y actuar en el mundo y de relacionarnos con los demás.
- **BUEN VIVIR:** El Buen Vivir / Vivir Bien desde los pueblos indígenas y originarios.

- El principio SumacKawsai (vida en armonía) orienta la interrelación al interior de la sociedad quichua y de ésta con la naturaleza. Significa vivir en armonía en las relaciones sociales, es decir entre todos los miembros del ayllu (comunidad) y con otros ayllus de la comunidad, y entre los ayllus y el pueblo runa de Pastaza. Vivir en armonía con la naturaleza, con los dioses, y los espíritus protectores de las vidas existentes en la tierra, los bosques, los ríos y lagunas. Pueblo Kichwa de Pastaza.
- **CIUDADANÍA:** Conjunto de los ciudadanos de un pueblo o nación
- **CONVOCAR:** Citar, llamar a una o más personas para que concurran a lugar o acto determinado.
- **CONCEPTUALIZACIÓN:** Son construcciones o imágenes mentales, por medio de las cuales comprendemos las experiencias que emergen de la interacción con nuestro entorno. Estas construcciones surgen por medio de la integración en clases o categorías, que agrupan nuestros nuevos conocimientos y nuestras nuevas experiencias con los conocimientos y experiencias almacenados en la memoria. Se considera una unidad cognitiva de significado; un contenido mental que a veces se define como una "unidad de conocimiento".
- **CONCIENCIAR:** Hacer que una persona tome conciencia de una cosa en relación con los valores éticos y morales de esta.
- *CONFLICTO:* Situación en la cual dos o más personas o grupos perciben tener intereses u objetivos incompatibles.
- **CONSTITUCIÓN:** Conjunto de leyes que rigen en un país y donde están plasmados los deberes y derechos de todos los ciudadanos.
- *DEBER:* Obligación que afecta a cada persona, impuesta por la moral, la ley, las normas sociales y la propia conciencia.
- *DERECHO:* Facultad natural del ser humano para hacer o exigir aquello que la ley o la autoridad establecen a su favor, la que lleva implícitas obligaciones y responsabilidades para con otros miembros de la sociedad.

- **DESPOJAR:** Privar a alguien de lo que goza y tiene, desposeerle de ello con violencia.
- **DISCIPLINA:** Es la coordinación de actitudes con las cuales se instruye para desarrollar habilidades, o para seguir un determinado código de conducta u "orden".
- **ECONOMÍA:** Reducción de gastos anunciados o previstos.
- **EMPODERAMIENTO:** Proceso mediante el cual las personas fortalecen sus capacidades, confianza, visión y protagonismo en cuanto que forman parte de un grupo social, para impulsar cambios positivos en las situaciones en las que viven".
- "Las personas y/o grupos organizados cobran autonomía en la toma de decisiones y logran ejercer control sobre sus vidas basados en el libre acceso a la información, la participación inclusiva, la responsabilidad y el desarrollo de capacidades".
- "Es el proceso de cambio en el que las mujeres aumentan su acceso al poder y como consecuencia se transforman las relaciones desiguales de poder entre los géneros".
- **ESTADO:** Conjunto de los órganos de gobierno de un país soberano.
- **ÉTNICO:** Perteneciente o relativo a una nación, raza o etnia.
- **ÉTICA:** La palabra ética proviene del griego ethikos ("carácter"). Se trata del estudio de la moral y del accionar humano para promover los comportamientos deseables. Una sentencia ética supone la elaboración de un juicio moral y una norma que señala cómo deberían actuar los integrantes de una sociedad.
- *FACULTAD:* Del latín facultas, la facultad es el poder, el derecho, la aptitud o la capacidad para hacer algo. Por ejemplo: "El equipo tiene la facultad de cambiar la historia en los próximos partidos", "El gerente no cuenta con la facultad necesaria para desarrollar el nuevo plan de negocios".
- Subdivisión de una universidad que corresponde a una cierta rama del saber. En la facultad se enseña una carrera determinada o

varias carreras afines. El conjunto de facultades forman el total de la universidad.

- **INTERACCIÓN:** Es una acción recíproca entre dos o más objetos, sustancias, personas o agentes según su campo de aplicación.
- **MANDATARIO:** Persona que ocupa por elección un cargo muy relevante en la gobernación y representación del Estado.
- *MEDIACIÓN:* Mecanismo mediante el cual las partes involucradas someten su controversia a un tercero llamado mediador, quien a través de sus técnicas facilita la comunicación entre los involucrados, a fin de que ellos mismos construyan la solución a su conflicto. También se le conoce como negociación asistida.
- *MEDIACIÓN:* Proceso en que un tercero neutral, sin poder para imponer una resolución, ayuda a las partes en conflicto a alcanzar un arreglo mutuamente aceptable.
- **ORGANISMO:** Conjunto de oficinas, dependencias o empleos que forman un cuerpo o institución.
- **OTORGAR:** Disponer, establecer, ofrecer, estipular o prometer algo.

- **PRINCIPIO:** Norma o ideas que tienen una persona y que hacen que se comporte de una manera.
- **PROFESIÓN:** Por profesión se entiende una ocupación que se desarrolla con el fin de colaborar con el bienestar de una sociedad. Para realizar dicha labor es necesario que el profesional (persona que ejerce la misma) actúe con responsabilidad, siguiendo los requisitos que la ley vigente plantee para el desarrollo de esa actividad.
- **PROMULGAR:** Publicar algo solemnemente.
- **RÉGIMEN:** Sistema político por el que se rige una nación.

- **REGIÓN:** Cada una de las grandes divisiones territoriales de una nación, definida por características geográficas e histórico-sociales, y que puede dividirse a su vez en provincias, departamentos, etc.
- **RELEVANTE:** Sobresaliente, destacado.
- **REPÚBLICA:** Sistema político que proclama la forma republicana para el gobierno de un Estado.
- **RESPONSABILIDAD SOCIAL:** La responsabilidad social es un término que se refiere a la carga, compromiso u obligación, de los miembros de una sociedad –ya sea como individuos o como miembros de algún grupo– tienen, tanto entre sí como para la sociedad en su conjunto. El concepto introduce una valoración – positiva o negativa– al impacto que una decisión tiene en la sociedad. Esa valorización puede ser tanto ética como legal, etc. Generalmente se considera que la responsabilidad social se diferencia de la responsabilidad política porque no se limita a la valoración del ejercicio del poder a través de una autoridad estatal.

  La responsabilidad social es la teoría ética o ideológica que una entidad ya sea un gobierno, corporación, organización o individuo tiene una responsabilidad hacia la sociedad. Esta responsabilidad puede ser "negativa", significando que hay responsabilidad de abstenerse de actuar (actitud de "abstención") o puede ser "positiva", significando que hay una responsabilidad de actuar (actitud proactiva).
- **SIGLAS:** Palabra formada por el conjunto de letras iniciales de una expresión compleja.
- **SOBREPASAR:** Rebasar un límite, exceder de él.
- **SOCIAL:** Perteneciente o relativo a la sociedad.
- **SOCIALIZAR:** Se denomina socialización o sociabilización al proceso a través del cual los seres humanos aprenden e interiorizan las normas y los valores de una determinada sociedad y cultura específica. Este aprendizaje les permite obtener las

capacidades necesarias para desempeñarse con éxito en la interacción social.

- **SUBEMPLEO:** Aquella persona que vende en la calle y no tiene un trabajo fijo ni recibe una remuneración (sueldo).
- **SUFRAGIO:** Voto de quien tiene capacidad de elegir.
- *UNIVERSIDAD:* universidad (del latín universitas, -atis) es un establecimiento o conjunto de unidades educativas de enseñanza superior e investigación.